江戸時代の災害記録に見る「村の力」

日本人は災害からどう復興したか

渡辺尚志　著

農文協

目次

はじめに　7

江戸時代の災害記録から見えてくるもの　7／江戸時代の村と村役人　9

第1章　津　波――「高崎浦地震津波記録」を読む　13

元禄の大地震で津波が襲う　13／夜中におきた大地震　17／「大地震のあとには必ず津波が来る」　20／山のように打ち寄せる津波　21／大災害と「世直し」　26

第2章　洪　水――「大水記」を読む　31

江戸で学んだ名主・奥貫友山　31／享保十二年の洪水――父の行動を間近に見る　32／享保十三年の洪水――継承されない古人の知恵　35／寛保二年の大洪水――関東平野から信濃にわたる大災害　36／久下戸村の被害と復興　38／藩に代わって救済活動を始める　43／友山の救済活動の全貌は？　44（1　食糧代金の貸し付け　45／2　雑穀類の無償支給　45）／救助物資の総額は？　48／師の忠告「施す側の尊大さに気を遣え」　50／奇特な百姓はほかにもいた　53／仁政の下でなぜ困窮が生じるのか　54／貪欲な民衆、不十分な救済　56／必要な者に届く救済の古法　58／友山の救済活動は分不相応？　60／ねたみを買った友山　62／それでも善行は行なう　65／地域の記憶に残った友山の事績　66

第3章　飢　饉――三大飢饉の記録を読む　69

目　次

1　享保の飢饉　70

「享保十七壬子大変記」が記すウンカの大被害　70／救済に尽力した福岡藩や幕府　72／質屋と百姓の利害対立　78／奉公人と雇い主の利害対立　80／労働力市場での力関係の逆転　83

2　天明の飢饉　86

人災でもあった天明の飢饉　86／極限状況下の人間　90／盗みに対する村の刑罰　92／後世への警鐘としての「年代記」　94／「もっとも大切なのは食糧である」　98／自治と民主主義を成熟させていった備荒貯蓄のとりくみ　99

3　天保の飢饉　101

商品・貨幣経済の浸透した「凶年違作日記・附録」の世界　101／「人間にとって最大の災難は飢饉」　104／天保四年の飢饉――高騰する米・雑穀　106／凶作の予知を目指す　108／災害を想定して生活を送る　110／「百姓は国の元」　112／天保六～八年の飢饉――大塩の乱を引きおこす　115／小作料の減免をめぐる攻防　119／救済策をめぐる藩と村とのせめぎ合い　122／「凶作の年は必ずやって来る」　125

第4章　噴火――「浅間大変覚書」を読む　*129*

1　**各地の被害**　*129*

天明三年の浅間山噴火――社会の矛盾が鋭く表面化した時代　*129*　／上野国高崎周辺の様子――降り続く灰や砂　*132*　／信濃国軽井沢宿の様子――大石が燃えながら飛ぶ　*136*　／江戸の様子――江戸川を流れる人・牛馬の死骸　*137*

2　**「浅間大変覚書」を読む**　*141*

押し寄せる泥流と飛び交う虚説　*143*　／千俣村の小兵衛、苗字帯刀御免になる　*144*　／大噴火と大飢饉の複合災害　*146*　／飢饉は人びとの強欲心が原因　*149*　／幕府内の政権交代を招いた大噴火　*150*

3　**復興に努める鎌原村**　*152*

壊滅した鎌原村の被害　152／黒岩長左衛門らの復興努力　153／新たな家族の創出　156／残る荒れ地の再開発計画　158／けわしい復興への道のり　160／家まかせでなく村全体で進めた江戸時代の災害復興　163

第5章　地　震——「弘化大地震見聞記」「善光寺地震大変録」を読む　167

1　大久保董斎の体験　167

弘化四年の善光寺地震——火災・山崩れ・地滑り・洪水などの複合災害　167／「弘化大地震見聞記」に見る地震の発生　170／洪水を恐れて親類縁者のつながりで避難　173／天然ダムを実見してひと安心　175／酒宴を襲った天然ダムの決壊　179／乞食になるか、それも諦めるか　183／恐怖の一夜が明けて　185／ふるさとの死者を弔う　187

2　中条唯七郎の体験　189

押し寄せる避難民に困惑する　190／天地開闢以来の変災　193／時ならぬ年越しと当たらない占い　195／

実見と人伝えで総合的に情報収集 197 ／天が人びとの考えを一変させた 201 ／助かった人、助からなかった人 205 ／地震、火災に続く地獄の水責め 208 ／明暗を分けた災害後の村むら 210 ／頻繁な人足動員に困る百姓 213 ／地震後も参詣者で賑わう善光寺 215 ／藩への献上と褒賞 219

おわりに 221

災害は天災であり人災でもある 221 ／江戸時代には百姓たちが災害を記録した 223 ／村の共同性が復興を支えた 224 ／村の共同性は、矛盾と葛藤のなかで維持された 225 ／領主の責務、百姓の役割 228 ／災害を契機に思索をめぐらす 230 ／災害を経ることで世の中があらたまる 231

参照文献一覧 234
あとがき 238

はじめに

◆江戸時代の災害記録から見えてくるもの

本書は、江戸時代に激甚自然災害に遭った人びとの経験を現代によみがえらせようとするものです。江戸時代の人びとは、災害の実態と被災者の思い、そして、そこから引き出される教訓を何とか後世に伝えようとして、さまざまな記録を残しました。記録を残したのは、武士や学者ばかりではありません。江戸時代の人口の八割を占めた百姓身分の人びとも、多くの記録を綴っています。本書では、そうした百姓たちの記録を読み解くことで、彼らの受けた衝撃やその受け止め方、そして復興への苦闘のあとをたどってみたいと思います。

激甚自然災害は、将来、必ずおこります。したがって、過去の災害の実態を解明し、そこから教訓を導いて、防災の備えを万全にしなければなりません。とはいえ、激甚自然災害は、そう頻繁におこるわけではありません。したがって、過去の災害を振り返る際には、かなり時代を遡る必要があります。富士山や浅間山の直近の大噴火は、いずれも江戸時代のことなのです。そこに、江戸時代以前の災害史を明らかにする特別の重要性があります。

また、災害に焦点を合わせることで、当時の社会の仕組みが一層はっきりと見えてきます。普段は日常性のなかに隠されている、それぞれの時代や地域の特質が、自然災害という非常時には、くっきりと表面に浮かび上がってくるのです。極限状況において、人間の本質が明らかになるのと同じことです。ですから、災害の歴史を調べることは、同時に災害がおこったときの社会の特質を解明することでもあるのです。本書は、災害をとおして、江戸時代の社会のありようにも迫ろうとするものです。

本書では、江戸時代の災害そのものを追体験しつつ、そこから見えてくる江戸時代像についても述べていきます。その際の方法としては、当時の百姓たちが著した災害記録を軸に据えたいと思います。同じ災害でも、被害の程度や災害の受け止め方は、人によって千差万別です。ある個人の被災の記憶は、ほかの人のそれとは代替不可能なものです。そこで、本書では、そのような個人の体験を大事にすることにしました。個人の体験を中心に据えることで、リアルな叙述となるよう努めたつもりです。

その際、たいへん役に立ったのが、農山漁村文化協会から刊行された『日本農書全集』でした。その第六六、六七巻には、「災害と復興」と題して、関連する史料が多数収録されています。本書では、その中からいくつかを選んで、叙述の軸とさせていただきました。本書は、『日本農書全集』があってはじめて書き上げることができたものです。

本書は、五つの章からなっています。各章では、それぞれ津波・洪水・飢饉・噴火・地震を取り上げました。ただし、津波は地震が原因ですし、噴火のために飢饉がひどくなることもあるように、これらは相互に複合しています。また、各章の配列は、災害のおこった年代順としました。ただ、飢饉の章では一八～一九世紀にわたる三つの飢饉を取り上げたので、真ん中において第3章としました。

◈江戸時代の村と村役人

本書では、村と百姓が主人公です。そこで、はじめに、江戸時代の村についての基礎知識を述べておきましょう。

江戸時代における全国の村の数は、元禄十年（一六九七）に六万三二七六、天保五年（一八三四）に六万三五六二でした。現在の全国の市町村数は約一八〇〇ですから、単純に平均して一つの市町村に三五程度の江戸時代の村が含まれていることになります。現在も市町村の中にある大字《おおあざ》は、江戸時代の村を引き継いでいるケースが多くあります。

一八〜一九世紀の平均的な村は、村高（村の耕地・屋敷地全体の石高）四〇〇〜五〇〇石（※1）、耕地面積五〇町（※2）前後、人口四〇〇人くらいでした。江戸時代の村は、今日の市町村と比べてずっと小規模でしたから、そのぶんそこに暮らす人びとの結びつきは今日よりもはるかに強いものでした。農作業から冠婚葬祭にいたるまで、日常生活全般にわたって、村人同士が助け合い、また規制し合っていたのです。江戸時代の村が共同体だといわれるゆえんです。

次に、江戸時代の村役人について、一般的なことがらをお話しておきましょう。

村役人とは村の運営を中心的に担った役職であり、名主《なぬし》・組頭《くみがしら》・百姓代《ひゃくしょうだい》などがありました。

村の最高責任者を、名主または庄屋《しょうや》といいました。近代以降の村長です。関東では名主、関西では庄屋ということが多く、肝煎《きもいり》といった村もありました。名主の職務は、年貢や村の諸経費の計算・割当・徴収・納入、領主からの触《ふれ》の伝達、村人からの願い・届けの上申、村内のトラブルの調停など、村運営の全般にわたっており、たいへん重要な役職でした。名主は百姓が就く職で、普通は村の戸主のうちの誰かが就任しましたが、なかには近隣の村の有力者がなることもありました。

名主には、村を運営する行政能力、困窮した小百姓のために年貢などを立て替えることのできる経済力のほかに、蔵書を村人に貸し出すというような文化面での貢献や、村人の相談に対応できるような農学や医学の知識が求められることもありました。

組頭は、名主の補佐役で、年寄《としより》とよぶところもありました。百姓代は、名主・組頭の補佐・監視をする役職で、名主・組頭より遅れて、一八世紀に一般的に成立しました。名主・組頭・百姓代を村方三役《むらかたさんやく》といいます。村役人の名称は、地域によって違いがありました。

以上のことを念頭に置きつつ、さっそく本論に入っていくことにしましょう。

※1　江戸時代は石高制《こくだかせい》の社会といわれている。大名・旗本など武士の領地の規模も、百姓の所持地の広狭や村の規模も、いずれも石高によって表示された。石高とは、田畑・屋敷地などの生産高（年貢高とする説もある）を玄米の量で表わしたもの。通常、畑や屋敷地には米はつくらないが、つくったと仮定してこれらの土地にも石高を設定した。石高は、豊臣秀吉や江戸時代の幕府・大名らが行なった土地の調査である検地《けんち》によって定められた。石高は、容積の単位である石《こく》・斗《と》・升《しょう》・合《ごう》・勺《しゃく》・才《さい》で表示された。一石＝一〇斗、一斗＝一〇升、一升＝一〇合、一合＝一〇勺、一勺＝一〇才となっている。一升瓶が約一・八リットル入りであることは、現在でも日本酒好きの人ならずとも知っている。つまり一石は約一八〇リットルとなる。米一石の重さは約一五〇キログラムである。また、米俵一俵には、三斗五升から四斗程度の米が詰められた。

※2　江戸時代には、土地の面積を表す単位として町《ちょう》・反《たん》（段）・畝《せ》・歩《ぶ》が用いられた。一町＝一〇反、一反＝一〇畝、一畝＝三〇歩である。一歩＝一坪であり、これは一間《けん》（約一・八メートル）四方の面積である。およそ畳二畳分と考えてほしい。一畝は約九九平方メートル、一反は約九九二平方メートル、一町は約九九一七平方メートルである。また、ごくおおまかにいって、一反の土地からは一石強の米がとれる。一町の土地からは米一〇石強ということになる。

第1章

津波

――「高崎浦地震津波記録」を読む

◆元禄の大地震で津波が襲う

本章では、元禄十六年（一七〇三）に房総半島（現千葉県）に押し寄せた大津波を取り上げます。この津波を発生させた元禄地震は、元禄十六年十一月二十三日(※1)の午前零時過ぎにおこりました。マグニチュードは、七・九～八・二と推定されています。同日は、太陽暦では十二月三十一日に当たります。震源地は、房総半島西南端の野島崎の南方沖合約二〇キロメートルの海底でした。この地震によって、房総半島南部では地盤が最高で五〜六メートルも隆起し、そのためそれまで島だった野島が半島と陸続きになり、現在の野島崎となったのです。ほかにも、半島の各所で地盤の隆起や沈下が生じ、液状化現象も発生しました。

この地震は、房総だけでなく、南関東の各地に大きな被害をもたらしました。小田原（現神奈川県小田原市）では、小田原城の天守閣が損壊し、家屋の倒壊八〇〇〇戸以上、死者二三〇〇人以上といわれています。この地震による死者は、関東地方全体で八〇〇〇人以上、千葉県内では約四五〇〇人と推定されています。

そして、この地震が原因で、十一月二十三日午前二時ころ、房総半島沿岸に大津波が押し寄せたのです。房総半島では、外房《そとぼう》（鴨川市・長生村・白子町・大網白里町・九十九里町など、太平洋に面した九十九里浜を中心とする一帯）地方が地震・津波によってもっとも大きな被害をうけました。元禄地震の被害の特徴は、内房《うちぼう》（房総半島の東京湾側）・外房を問わず、死者の九〇パーセント以上が津波によるものだったということです。本章が、地震ではなく、津波を主題とするのもそのためです。津波は、時速一七〇〜一八〇キロ

地図1　高崎浦津波による被災地域

（「高崎浦地震津波記録・解題」『日本農書全集　第66巻』より引用。作図者：古山豊氏）

メートルという高速で押し寄せたと考えられます。

海岸線から一〇〇メートルほど内陸に入った所にある鴨川市前原《まえばら》の日枝《ひえ》神社の境内には、今も「津波避難丘」があります。これは、慶長九年十二月十六日（太陽暦一六〇五年二月三日）におこった慶長地震（マグニチュード七・九）と津波[※2]で被災した教訓から、村人たちが盛り土をして築いた人工の小山です。二層になっており、約一〇メートルの高さがあります。元禄津波の際、ここに避難した人たちは助かったということです。災害の教訓が生かされた実例です。

※1　本書では、年月日は基本的に旧暦で示し、適宜カッコ内に新暦（現行の暦）の年月日を示す。ここで、江戸時代の暦（旧暦）について、簡単に述べておく。江戸時代の暦は太陰太陽暦《たいいんたいようれき》であった。月の運行をもとにした太陰暦を基本にしつつ、太陽の運行をもとにした太陽暦を組み合わせた暦である。月の運行を基準にすると、新月から次の新月までの一サイクルは平均二九・五三〇六日なので、太陰太陽暦ではひと月は二九日か三〇日となる。現代の太陽暦より、ひと月が一日か二日少ないのである。二九日の月を小の月、三〇日の月を大の月という―月の最後の日が

晦日《みそか》―。一年は三五四日であった。しかし、これでは太陽暦と年に一〇日以上のズレが生じてしまうので、太陽暦との調整のために、一九年間に七回の閏月《うるうづき》をおいた。およそ、三年に一回である。閏月とは、ある月が終わったあとに、もう一回同じ月を繰り返すことである。たとえば、二月のあとにもう一回二月がくるのであり、あとのほうの二月を閏二月といった。閏月のある年は、一年が一三カ月あり、一年が三八三日もしくは三八四日となった。何月が閏月になるかは、一定していなかった。

※2　慶長地震による津波は、東北から関東の太平洋岸に大きな被害をもたらした。ただし、この津波については、現在のところ、百姓が書いた詳細な記録が発見されていないため、本書では取り上げることができなかった。

◆夜中におきた大地震

本章でご紹介するのは、長井杢兵衛《もくべえ》が著した「高崎浦地震津波記録」という史料です。これは、高崎浦（現千葉県安房郡富山町高崎）の永井（長井）家に伝わるものです。高崎浦は内房の海岸に面しており、長井家は海岸から二二〇メートルほどの所にありました。

長井杢兵衛の当時の社会的地位は不明で、史料の作成時期も不明ですが、地震・津波発生からほど遠からぬ時期に作成されたものと思われます。

では、さっそくこの史料にもとづいて、杢兵衛が体験した地震と津波のありさまを見ていきましょう。

元禄十六年（一七〇三）は、夏はよく日が照り、秋の収穫期に台風に襲われることもなく、無事に冬を迎えていました。十一月二十二日も、空は晴れ、波も穏やかに暮れてゆきました。ところが、日付が替わった夜中の零時過ぎ、にわかに大地震が起こったのです。そのときは、どの家ももう寝静まっていました。常に、災害は突然襲ってくるのです。

長井杢兵衛は、激しい揺れのため、すぐさま機敏に行動することができず、起きては転び起きては転びしながら、ようやく立ち上がって部屋の戸を開け家の裏手に出ました。妻も三人の子どもを連れて、やっとのことで戸外に逃げ出すことができました。

長井家の母屋《おもや》は、当時、築後一八年経っていました。地震の際には、天井の一方が崩れて落ちかかりましたが、たまたまはずれた内戸が天井を支えたために、全面的な崩落は免れました。こうして、かろうじて母屋は崩れませんでしたが、二つあった蔵や、馬屋・厠《かわや》などは倒壊してしまいました。
長井家のまわりで倒壊を免れた家は、五軒ほどしかありませんでした。村のお宮やお堂はさいわい無事でした。皆が寝静まっていたときに地震で家屋が倒壊したことが、人的被害を大きくしたといえます。家屋の倒壊に関して、杢兵衛は次のように述べています。

わが家の母屋の板天井には煤《すす》が厚さ三、四寸（九～一二センチメートル）も積もっており、その重みで天井が落ちかかったものと思われる。総じて、寝室に板天井は不要であり、こも（マコモや藁《わら》を用いてあらく織ったむしろ）でも張っておくのがいいだろう。また、家の土台に石を据えるなら、そのぶん柱は太くすべきである。柱の細い家は、今回の地震でみな潰れてしまった。また、家の周囲の竹藪や竹の垣根は、昔から津波除けに役立つといわれている。

このように、杢兵衛は、天井には煤がたまらないような工夫をし、柱は太く頑丈なものを用いるとともに、家の周囲には竹を植えておくことを勧めています。津波の際、松は根こそぎ流されても、竹は柔らかく波を受け止めて、津波の勢いを弱めてくれるのです。このように、杢兵衛は、「高崎浦地震津波記録」に後世への教訓を書き記しています。

◇「大地震のあとには必ず津波が来る」

さて、戸外に遁《のが》れた杢兵衛は、「大地震のあとには必ず津波が来る」と昔から言われていたことを思い出し、「皆、早く家から出ろ」と叫びました。もうそのときには、早くも津波が「さあら、さら」と海に近い田に押し寄せていました。村人たちは高台に避難して、松の木にしがみついていました。就寝中のことだったため、あわてて裸で逃げ出した男女もいました。

房総半島では、慶長地震・津波のあとも、延宝五年（一六七七）十月九日（太陽暦十一月四日）に、房総沖で発生した地震（マグニチュード八と推定）による津波のため、約二五〇〇人の溺死者を出しています。こうした経験が継承されていたため、杢兵衛は津波の襲来をとっさに予測することができたのです。

同様の教訓は、外房の村むらにも伝えられていました。上総国山辺郡粟生村《かずさのくにやまべぐんあおむら》の飯高家《いいだかけ》に伝わる古文書には、「地震の際、繰り返し揺り戻しのあるときは、津波が押し寄せてくるものと思って、家財を捨てて避難すべきである」と記されています。

また、上総国長柄郡古所村《ながらぐんふるところむら》（現長生郡白子町）の池上家の古文書にも、次のようにあります。「後世の人に言っておく。大きな地震があって、繰り返し揺り戻しがあるときは、必ず大津波が来ると思って、家財を捨てて早く高い所へ避難しなければならない。近くであっても、高い所に逃げれば助かる。……家の屋根に登った者の多くは、家が潰れても助かる。このことを、よくよく心得ておくように」。

このように、「大地震のあとには必ず津波が来るから、家財は捨てて身一つで速やかに避難すべし」という教訓が、房総半島の海辺の村むらに広く継承されていたのです。

◈山のように打ち寄せる津波

話を、杢兵衛に戻しましょう。

津波を察知して高台に避難した杢兵衛は、それからいったん家に戻りました。すると、庭には腰の高さまで波が押し寄せており、井戸の木枠が少しだけ水面に頭を出していまし

震《しん》後《ご》大《おほ》津《つ》浪《なみ》の圖《づ》
中ノ二

絵図１　大震災後の津波の図
（安政の大地震後の津波、『安政見聞録』〈国立国会図書館所蔵〉より）

た。李兵衛は、庭一面が海というありさまを見て恐ろしくなり、家に飛び込んで厄除けの御札だけを持ち出し、また高台に戻りました。

今回の地震は通常のそれと違い、細かに「びくびく、びくびく」と揺れた。不安だったので、とにかく食糧が第一だと思い、自宅に人をやって米を四、五升持ってきてもらった。それを、村人たちにも分け与えた。人びとは、皆寄り添って夜を明かした。

夜が明けても間断なく「びくびく」と揺れるため、津波の再来を恐れて、人びとはさらに高台を目指した。そして、人びとは畑に小屋がけし、二十三日の夜は終夜小屋で火を焚いて明かした。皆は、「また、津波が来るだろう」と語り合っていた。

たいへんリアルな記述で、村人たちの不安な思いがストレートに伝わってきます。そうしたなかで、村人たちは食糧を分け合い、励まし合って過ごしたのです。

地震のあと、津波は三度押し寄せてきました。二度目と三度目の津波は、沖合から山のように打ち寄せてきたということです。

高崎浦では、倒壊した家の下敷きになった死者が八人（うち六人が女性）、津波にさらわれた死者が二七人（性別が判明するうち、一四人が女性、七人が男性）、合わせて三五人いました。津波の犠牲者が多かったのです。当然ながら、浜辺に近い所ほど、大きな被害を被りました。また、女性や子どもの死者が多いことも特徴です。

このほかに、負傷者も大勢いました。倒れた家の下敷きになって、家もろともに沖へ流された人もおり、家からは逃げ出したものの暗闇のなか川に転落して死んだ人もいました。災害が夜間に発生したことが、悲劇を拡大したのです。

津波によって、浜に置いてあった漁網が流され、多くの船や漁具が損傷しました。長井家でも漁船が損傷し、同家の被害総額は二〇〇両(※)にもおよびました。漁業への打撃も大きかったのです。

※　ここで、江戸時代の貨幣制度について述べておく。

江戸時代には、金・銀・銭三種の貨幣が併用された。これを三貨という。金貨には大判・小判などがあり、その単位は両・分《ぶ》・朱で、一両＝四分、一分＝四朱という四進法がとられ、小判一枚が一両となる。銀貨の単位は貫・匁《もんめ》であり、一貫＝一〇〇〇匁であった。銭貨の単位は貫・文《もん》であり、一貫＝一〇〇〇文であった。寛永通宝《かんえいつうほう》など銅銭一枚が一文である。また、永《えい》という単位が使われることがあったが、永とは中国からの輸入銭である永楽通宝《えいらくつうほう》のことである。江戸時代には実際には流通していなかったが、単位としてのみ用いられた。金一両＝永一〇〇〇文となる。

三貨相互の交換比率は時と場所によって変動したが、おおよその目安として、金一両＝銀六〇匁＝銭五〇〇〇〜六〇〇〇文くらいと考えればよい。金一両でほぼ米一石が買えた。

江戸時代の貨幣価値が現代のいくらに相当するかは難しい問題である。日本人の主食である米の値段を基準に考えると（同量の米が、江戸時代と現代とでそれぞれいくらするかを比べる）、金一両＝五万五〇〇〇円、銀一匁＝六六〇円、銭一文＝九円くらいとなる。一方、賃金水準をもとに考えると（大工など同一の職種の賃金が、江戸時代と現代でそれぞれいくらかを比べる）、金一両＝三〇万円、銀一匁＝四〇〇〇円、銭一文＝四八円くらいとなる（磯田道史『武士の家計簿』新潮社、二〇〇三年）。いずれにしても、これらはあくまで一つの目安にすぎない。

◆大災害と「世直し」

津波が引いたあとの惨状を、李兵衛は次のように記しています。

津波から一〇日ないし一五日間は、波打ち際に多数の遺体が打ち上げられ、その頭や手足を犬が食いちぎり、それをくわえたまま家の戸口までやって来たりするので、怖くて浜へは出られなかった。浜辺には津波で損壊した家の壁や竹木が散乱して荒野のようになっており、哀れで無常をおぼえるありさまだった。幹回りが二尺四、五寸（約七二～七五センチメートル）もある松も、根こそぎ押し流されてしまった。

李兵衛の家は、村の中では比較的海に近い所にあったので、津波の再来を警戒して家には戻らず、二十四日には海から離れた所にある名主弥兵衛《やへえ》の家の庭に仮小屋を建てて、当面はそこで暮らすことにしました。ほかの村人たちも、弥兵衛家の庭に来ていました。やはり、こうした非常時には、名主が村人たちのよりどころとなったのです。

そうしたなかで、村の北口から盗賊が襲来するという噂が流れました。村人たちは心配して警戒を強めていましたが、やがて誤報だということがわかりました。大災害のあと、人びとの不安に乗じてデマが流れるのはよくあることです。その後も間断なく余震が続いたため、杢兵衛は不安で、十二月一日まで、弥兵衛家の庭で過ごしました。

十二月一日に自宅に戻ってみると、周囲では、子を失った親や、親を亡くした子、離ればなれになった夫婦など、まことに哀れな状況だった。さらに、大勢の子どもたちが波にさらわれたため、親兄弟の嘆き悲しむありさまは、実に「生者必滅《しょうじゃひつめつ》・会者定離《えしゃじょうり》」（生ける者は必ず死ぬ、出会った者は必ず別れる）の言葉どおり、なかなか目も当てられず言葉もなく、人の命のはかなさを痛感した。

ある人が、「人の寿命は蜉蝣《かげろう》のようなもの、朝に生まれて夕べには死す。人の体は芭《ば》蕉《しょう》（高さ五メートルに達する大型の多年草。葉は長さ二メートル近くの長楕円形で、裂けやすい）の葉のようなもの、風に遭えば破れ壊れてしまう」と言っていたが、今はまさにそのとおりだと思い当たる。

大災害を体験して、李兵衛は人の世の無常を感じています。この地震と津波によって、人生観が変わった人は多かったことでしょう。しかし、人びとはたくましく立ち直ります。

翌年になっても余震が続きましたが、二月中旬になってようやくおさまったので、人びとは「万歳万歳、世直し世直し」と言い合ったということです。

「世直し」という言葉には、大災害によって旧来の世の中がいったん崩壊し、そのあとに新しい時代が来るという期待感が込められています。災いが転じて、福となってほしいという願いです。

大災害―とりわけ大地震―が「世直し」をもたらすという考え方は、江戸時代のほかの災害時にもみられるものです。「世直し」の語には、肉親や知人を亡くした無常観をかみしめつつも、被害を乗り越えて、よりよい世の中をつくり直していこうという、人びとの希望と決意が結晶しているのです。

第2章 洪水

――「大水記」を読む

◈江戸で学んだ名主・奥貫友山

本章では、一八世紀前半の洪水を記録した、奥貫友山《おくぬきゆうざん》著「大水記」（寛保三年〈一七四三〉成立）を取り上げます。

友山（五平次《ごへいじ》ともいう）は、武蔵国入間郡久下戸村《むさしのくにいるまぐんくげどむら》（現埼玉県川越市）の人。久下戸村は川越《かわごえ》藩領で、荒川の西岸、川からほど近い所に位置していました（地図2参照）。

奥貫家の先祖は、戦国時代には小田原の北条氏に仕えた武士で、天正十八年（一五九〇）の北条氏滅亡後、久下戸村に移り住んだといいます。寛保三年当時の奥貫家の所持石高は五五〇石、久下戸村と周辺の村むらに多くの土地を所持する地主でした。同家は、一八世紀には、代々久下戸村上組《かみぐみ》（久下戸村は上組と下組《しもぐみ》に分かれていました）の名主役を務めています。

奥貫友山（一七〇八〜八七）は、一〇代前半に江戸に出て、幕府に仕えた儒学者《じゅがくしゃ》（儒学とは孔子に始まる中国古来の政治・道徳の学）の成島道筑《なるしまどうちく》に儒学と和歌を学びました。その後、村に帰って、享保十二年（一七二七）ころから名主を務めています。名主退職後は、村で寺子屋を開いており、地域における知識人でした。

では、さっそく「大水記」を読んでいきましょう。

◈享保十二年の洪水——父の行動を間近に見る

「大水記」は、享保十二年（一七二七）七月の水害から書き起こされています。このときは、豪雨によって荒川の堤防が決壊し、濁流が村に流れ込みました。奥貫家では、建物に

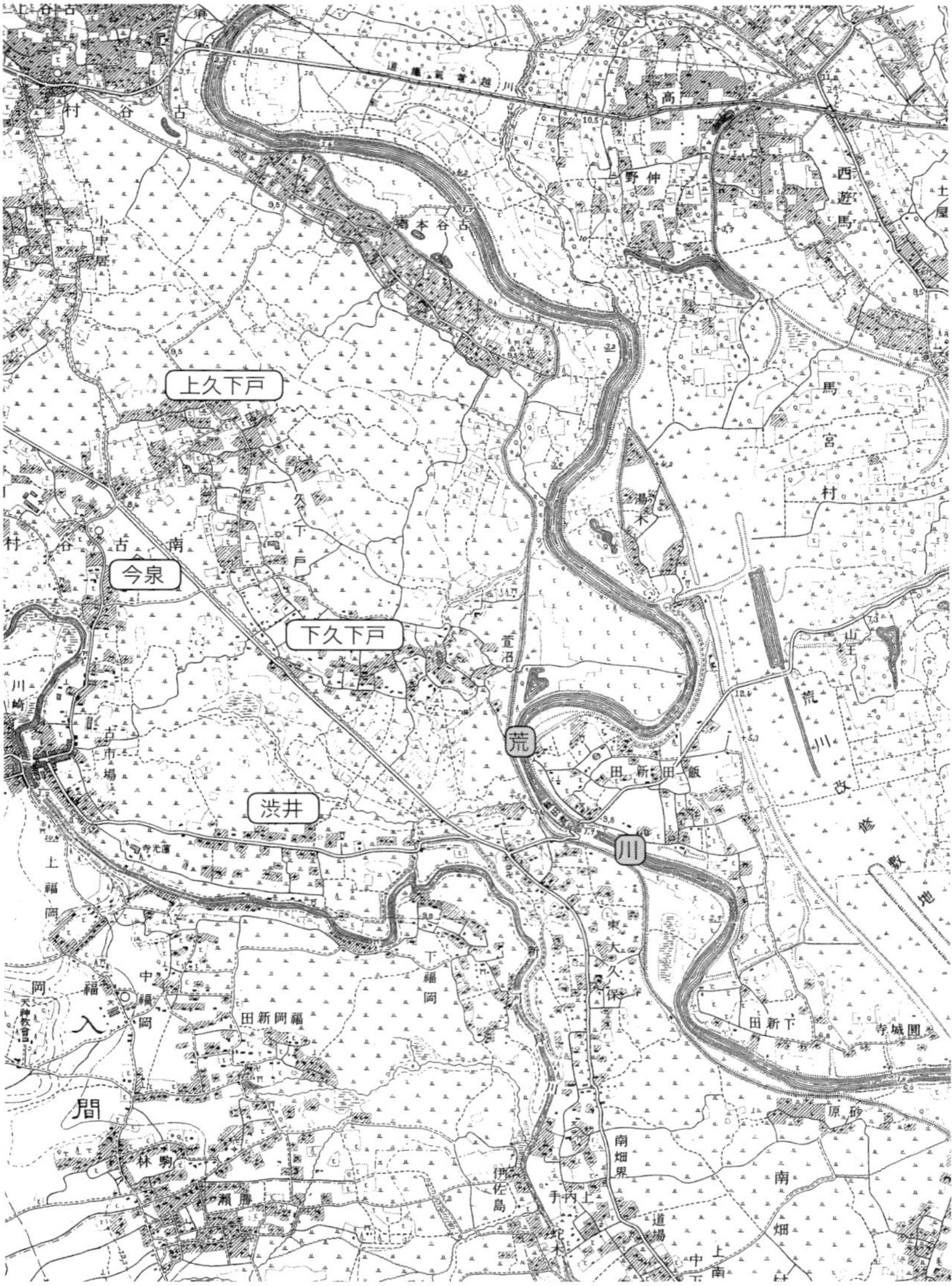

地図２ 「大水記」に関連する地名
（地図は２万5000分の１「与野」〈大正13年測図〉より）

よっては床上まで浸水し、村内では軒下まで水に浸かった家も多くありました。また、増水のため、井戸に汚水が流れ込んで、井戸水が使えなくなってしまいました。友山は、あらかじめ、ありったけの桶に水を汲んでおきましたが、そうした心構えのなかった者は、飲み水がなくて困ったということです。

このときは、まだ友山の父正清《まさきよ》が名主でしたが、彼は被災者に麦を配給するとともに、川越藩に食糧の拝借を願い出て実現するなど、救済活動に尽力しました。このあと間もなく名主の職を継ぐ友山は、父の行動を間近に見て、名主の家の責務を肌で感じたことでしょう。後年の友山の行動は、父譲りの、名主の家の歴代当主が果たすべき義務でもあったのです。

享保十二年の洪水を経験した友山は、大水の際の第一の心がけとして、火の元の用心と、井戸水をあらかじめ汲み上げて蓄えておくことをあげています。そして、次に大事なことは、便所の大便を、田畑のそばの肥溜《こえだ》めに移しておくことだと述べています。そうしておかないと、浸水の際に屋敷中に汚物が拡がってしまい、その後、何年もの間、除去しきれないというのです。水洗トイレを使用している現代の家庭では、想像もつかない配慮でしょう。友山は、このように、「大水記」で後世への教訓を伝えようとしているのです。

◈享保十三年の洪水――継承されない古人の知恵

翌享保十三年（一七二八）八月にも、また大洪水がありました。享保十二、十三両年の洪水を振り返って、友山は次のように述べています。

当地では昔も水害があったのだろうか、私が子どものころまでは家々に水塚《みずづか》（水害時の避難用に土盛りした塚。その上に小屋を建てて、食糧や生活必需品を備蓄することもあった）があった。けれども、その後は長らく日でりの年が続いたため、いつのまにか水害の心配をする者もいなくなった。そこで、どの家でも水塚を取り壊してしまい、今では村に一つもない。享保十二、十三年の水害のときも、水塚を必要とするほどの増水ではなかったため、うっかりそのまま過ごしていた。そのため、寛保二年（一七四二）の大水のときには大変な目に遭ってしまった。

何事においても、古来より続いてきたものを廃止してはならない。今の人は、眼前の利益になることでなければ、進んで行なおうとはしない。そうした今の人の心でみると、古人が残した物は無用の長物のように思えるけれど、実際に一〇〇年先の利益を考えていたのは古人のほうだったのである。

友山は、ここで、古人の知恵が継承されなかったことを反省しています。災害教訓の継承が重要なのはもちろんですが、継承のためには自覚的な努力が必要です。ただし、平常時には、水塚が使われることはありません。むしろ、崩して耕地にしたほうが収益が上がります。そのため、しばらく洪水がないと、人びとは水塚を取り壊してしまうのでしょう。災害時の危険を回避するために、目先の経済的利益や利便性をどれだけ犠牲にしうるかが問われているのです。そこを直視しないと、教訓の継承もかけ声だけに終わりかねません。

◆寛保二年の大洪水——関東平野から信濃にわたる大災害

「大水記」の記述の中心になっているのは、寛保二年（一七四二）八月の大洪水です。これは、享保十二、十三年の洪水を上回るものでした。これから、それを見ていきましょう。

寛保二年の八月一日（太陽暦八月三十日）から二日にかけて、台風による集中豪雨で、関東地方では広範囲にわたって大洪水になりました。

友山は、荒川に三〇人、五〇人と、死体が次から次へと流されてくるのを目撃しています。馬も多数流され、家も二、三軒流されてきたということです。

友山が得た江戸からの情報―友山は正確な情報だとしています―では、決壊した堤防の総延長は四万三〇〇〇間《けん》余（約七八キロメートル）、堤防の欠損箇所九万六〇三五カ所、流失・倒壊家屋一万八一七五戸、水死者一〇五八人、死馬七〇七九頭、被災した村は関東地方と信濃国《しなののくに》（現長野県）で計四〇九四カ村とされています。友山は、自身の見聞と収集した情報（文字情報と人から聞いた伝聞情報の両方）を総合して、被害の実態を把握しているのです。

川越藩では、寛保二年十二月、同三年一月、四月の三回にわたって、被災者に食糧や種籾《たねもみ》の貸与を行なっています。しかし、洪水から救済開始までには四カ月以上の間があり、また物資も十分には行き渡りませんでした。だからこそ、友山ら地域有力者の役割が重要になったのです。

もう一つ、一八世紀前半における洪水多発の背景として、一七世紀以来の関東平野における大規模な新田《しんでん》開発の進展があげられます。荒川や利根川《とねがわ》の流路を変更して、大河川沿岸の低地まで耕地・宅地化したために、洪水被害の危険が高まりました。開発が災害を誘発したという側面があったのです。ここからは、災害リスク対応を視野に入れた持続可能な開発はいかにして可能かという課題が浮かび上がってきます。

◈久下戸村の被害と復興

寛保二年の洪水のとき、久下戸村では八月一日から増水しました。奥貫家では、床上一尺二寸（約三六センチメートル）、地面からは四尺余（約一・二メートル）、土地の低いところでは一丈《じょう》余（約三メートル）も浸水しました。小さな家では、軒まで水に浸かったところもありました。

大人も子どもも建物の梁《はり》にまたがっているありさまで、梁まで水に浸かってしまった家の人は、屋根を破って上に出て救助を待っていました。友山は、小舟に乗って村中を回り、そうした人びとを舟に乗せて、寺や大きな家に運びました。さいわい久下戸村では死者はありませんでしたが、家屋・家財・農作物の被害は甚大なものでした。

このときは、飲料水の欠乏が大問題となりました。井戸の水を桶に貯めておいたのですが、それも使い果たしてしまったのです。それ以降は、川に舟を出して、水を汲んできて使いました。洪水に備えて井戸水を汲み置いたものの、災害の規模が想定を上回ったのです。

洪水後の被災者の救済について、友山は次のように述べています。

この災害のとき、藩からたびたび救済のための品（穀物や金銭）が下付されたが、洪水から間が空き、また物資が行き渡らないところもあって、人びとの困窮のありさまは見るに忍びなかった。そこで、父上（奥貫正清）は私（友山）に、「何とかして、餓死する者が出ないように取り計らいなさい」とお命じになり、それに従って私は救済活動を始めた。

寛保二年の冬から、村役人や村人たちとよく相談したうえで、私の屋敷の東側に堀を廻らしたり、杉を植えて造林したり、私の宅地の南西の角に水塚を築いたりした。村で

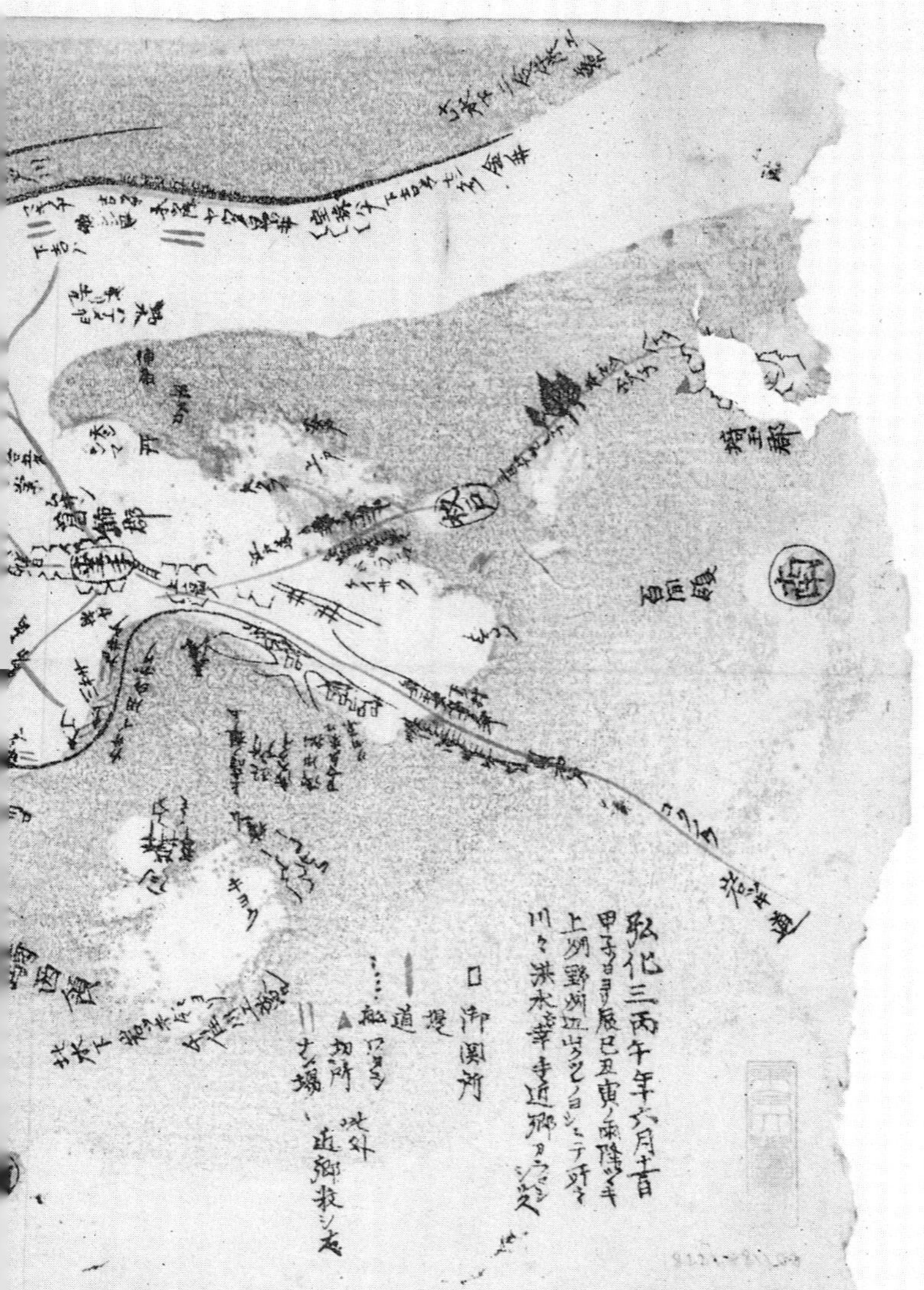

色の薄い部分が水に浸かった地域と思われます。

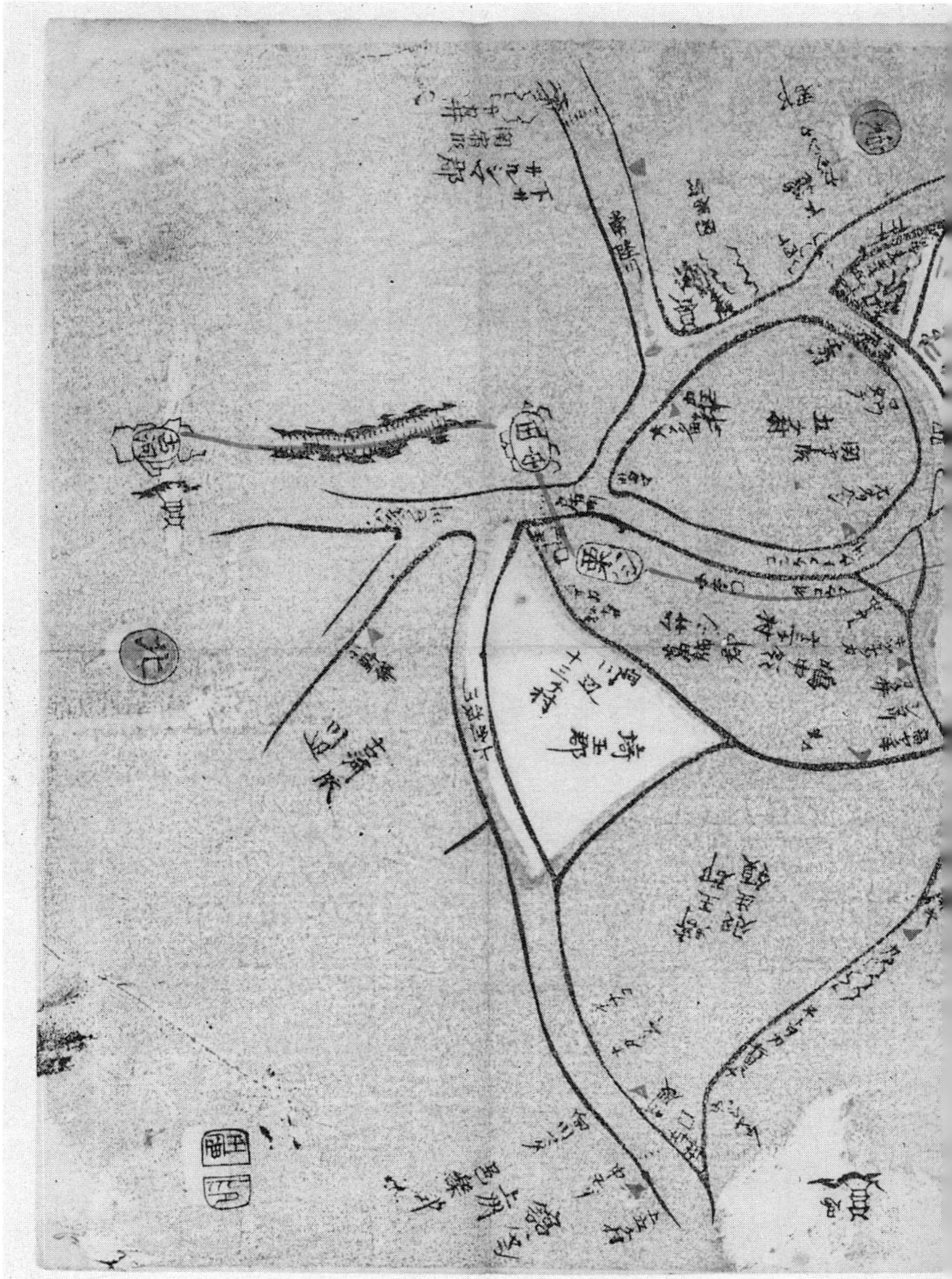

絵図2　弘化3年の洪水による幸手（埼玉県）付近の被害状況
（「大雨洪水幸手近郷図」〈東京大学総合図書館所蔵〉）

食糧がなくて困っている者には、自由に作業現場に出て働くようにと申し渡しておいたので、人びとは農業の合間のいいときに出かけては働いた。働いた者には、日当として一人につき麦三升ずつを与えて生活を援助した。これによって、村人たちは寛保三年の春まで飢えを凌《しの》ぐことができた。この工事は久下戸村の者だけで行ない、他村の者はいっさい頼まなかった。その間にも、何度か藩から救助の品が下付されたので、それもあって飢えた者も皆生き延びることができた。

また、道普請も行なったが、始める際には村役人や有力百姓によく相談した。彼らが、「村のほうでは、少しも支障はありません。村にとっては当座の救いになることなので、村人も皆ぜひお願いしたいと言っています」とのことだったので、工事を始めた。

春になると、前記の土木作業に出られない老人・子ども・女性たちは、高台にあって水害の難を免れた村むらへ物乞《ものご》いに出かけて行った。始めのうちは、高台の人びとも喜捨をしてくれたが、その後はしだいに恵み与えてくれる者がいなくなったため、物乞いに出ることもなくなった。

それで、人びとが非常な困窮に陥ったため、それからは、私が一軒ごとに困窮者の人数を調べて、困窮者一人につき一日籾五合ずつの割合で、一五日ごとに籾を支給した。
さらに、夜具を質に入れてしまい、冬の寒さを凌げずに困っている人たちには、粗末な藁布団《わらぶとん》（紙袋の中に藁や紙くずを詰めたもの）を五、六〇買って配り寒さを凌がせた。

◈藩に代わって救済活動を始める

このとき、久下戸村の戸数は一七一軒、総人口は八六六人で、そのうち飢えに苦しむ者は、寛保二年九月時点で一二二軒、五三〇人、寛保三年一月に六三軒、二三三人、同年三月に三五軒、一〇〇人でした。当時、友山は数え年三六歳で、久下戸村上組の名主を務めていました。

友山の記述からわかるように、川越藩も救援に乗り出しましたが、迅速さと実効性に欠けるところがありました。その分、友山の責任は重大であり、彼はさっそく土木工事を起工することにしました。

工事は復旧（道普請）・復興（新たな造林）・防災（水塚建設）を目指すものであると同時に、働いた村人が日当を得られるという一石二鳥の効果がありました。単なる施与ではなく、食糧の必要な者が労働の対価として食糧を得るという方式は、食糧を受け取る者にそれが正当な報酬であるという認識を生みます。それは、ただ恵み与えられていると感じることによる心理的負い目を和らげ、受け取る者のプライドを守る効果がありました。

しかし、これだと働けない者には援助が行き届かないというマイナス面もありました。そのため、土木作業ができない村人は、村外へ物乞いに出ざるを得ませんでした。被害を受けなかった村の人たちは援助の手を差し伸べましたが、自ずからそれにも限界がありました。そこで、友山は、働けない困窮者たちには無償で食糧を支給したのです。

困窮者のなかにも土木作業のできる者とできない者がおり、それぞれに見合った救済策が求められたのです。また、このとき友山は、救済を開始するに当たって、村役人や村人たちの合意を得るという手順を踏んでおり、救済の対象は久下戸村の村人に限定されていました。しかし、彼が行なった救済活動は、これだけにとどまりませんでした。

◆友山の救済活動の全貌は？

ここで、友山が行なった救済活動の全貌をまとめておきましょう。

1　食糧代金の貸し付け

①金二〇両を、久下戸村の所持石高三〜一〇石で食糧のない百姓二五軒に貸与しました。一軒平均では、金三分余になります。これを寛保二年十二月に貸与して、食糧を調達させたのです。貸与額には一割の利息を加えて、寛保三・四両年で返済するという条件でした。低利の融資といえるでしょう。

②寛保二年十二月と同三年一月に、近隣の入間郡渋井村の百姓高橋半右衛門《はんえもん》に頼んで金一二両一分を貸してもらい、それをさらに、久下戸村の所持石高三〜一〇石の飢えた百姓二七軒に食糧代として貸与しました。半右衛門は富裕な百姓だったので、友山は彼に久下戸村への援助を依頼したのです。こうした援助の仲介役も、友山の大事な仕事でした。彼の、村を越えた幅広い人脈が、こういうときに役立ったのです。

2　雑穀類の無償支給

①麦三〇石、稗《ひえ》一五石を、久下戸村で所持石高三石以下の飢えた百姓六三軒、二三三人

に、寛保二年八月から同三年三月五日までの間、一人一日四合ずつの割合で、折に触れて施与しました。半月分を、まとめて支給したようです。

②それに加えて、三月二十五日までの間に三石を施与しています。さらに、四月五日から四月二十日までの間に、久下戸村の四七軒、一三四人以上に対して、合計一〇石五斗（うち麦四石六升、稗六石四斗四升）を支給しています。これは、一人一日五合ずつの割合で二五日分に当たります。四月二十一日以降も、支給を継続しています。

また、四月二十八日には、一般の村人たち四〇軒に、一軒につき麦五升ずつ、計二石二斗五升を支給し、それとは別に、村内で由緒のある七軒に麦を二～五斗ずつ、計一石九斗支給しています。

③雑穀一二石ほどを、寛保三年三月までに、近隣の六カ村で飢えている百姓たちに施与しました。その多くは、各村に設けられた世話人が、支給対象者の選定など支給の実務に当たりました。寛保三年四月には、三カ村に九石八斗八升を支給しました。一人一日四合の割合になります。

④稗一七石ほどを、遠方から物乞いに来た者に一人一升ずつ与えました。もっとも、穀

物ではなく、できた食事を食べたいという者には食事をつくって与えました。物乞いは、寛保二年十二月から同三年三月まで、一日平均八、九人ずつやって来ました。四月になると、物乞いの数は増加して、ほぼ毎日一〇〇人以上（最高は四月十五日の七一二人）に稗や麦を施与しています。

⑤久下戸村の飢えた者に米六俵ほど、他村から来た物乞いの者に米三俵を施与しました。

⑥友山の父正清は、このとき友山に家督を譲って隠居していましたが、自分の財産のなかから、米二五俵を、粥《かゆ》にして飢えた人に食べさせたり、病人に支給したりしました。また、麦四石余、稗二〇石余を、寛保二年冬から同三年春までの間に、物乞いの人たちに与えました。

ほかにも、元文五年（一七四〇）から、凶作に備えて、村内各戸が所持石高に応じて毎年麦を拠出し、村の蔵に積み立てていましたが、友山が中心となって、このなかから二〇石を、飢えに苦しむ四〇軒、一〇九人（文書には一九〇人ともあります）に貸与しました。これは、備荒貯蓄の活用です。

これらが、友山が行なった救済活動のあらましです。

◈救助物資の総額は？

以上をまとめると、救助に用いた雑穀は計一八〇石七斗二升にのぼります。このうち、麦が七〇石一斗一升、稗が一一〇石六斗一升でした。これらの穀物の購入代金は計九四両で、穀物は川越の米商人や与野町《よのまち》・内野村の者から買い求めています。

救助に用いた米二五俵（一俵は四斗三升入り）の代金は金一一両三分、銭七七六文でした。

また、醤油の諸味《もろみ》（醸造して、まだ粕をこさない段階の醤油）と藁布団の代金として、金二両、銭六五〇文を支出しています。

これらを合わせると、総計金一〇八両、銭三七六文となります。こうして救済した人の総数は、四八カ村、一万六〇〇〇人余にのぼったといわれます。

以上の友山の救済活動により、久下戸村では、洪水による困窮のために所持地を手放した者は一人もいなかったということです。川越藩も、友山の行為は奇特であるとして、寛保三年一月に、褒美として綿三把《わ》を与えました。また、寛保三年九月には、友山を川越城に招いて藩主自ら言葉をかけ、料理をご馳走しています。

友山の救済活動は、基本的には、代金を自己負担してほかから食糧を買い入れ、それを困窮者に支給するというかたちで行なわれています。川越における穀物の購入先は、いずれも奥貫家の日常的な穀物の販売先です。普段、奥貫家が所持地からの収穫物を販売している相手から、非常時には逆に穀物を購入しているのです。日常的な取引にもとづいて築かれた信用関係が、非常時の食糧確保に役立ったといえるでしょう。

また、友山は、所持石高のより少ない者には施与（返済不要）、比較的多い者には貸与（返済必要）というように救済方法を変えています。村人たちの経済条件を勘案して、救済がバラマキにならないよう配慮しているのです。さらに、他村からの援助を呼び込む窓口の役割も果たしています。

わかる範囲で友山の援助した先を分けてみると、村内が七〇・六石、近隣村が二一・八八石、遠方からの物乞いへ六三・一石となります。自村・近隣村への援助は、平常時の社会・経済的なつながりにもとづくものであり、遠方からの物乞いへの施与は、それまで縁のなかった人たちへの援助です。友山は、日頃付き合いのある人や関係のある村の救済に当たるのはもとより、たとえ赤の他人であっても、頼ってくる困窮者には援助の手を差し伸べているのです。ただ、こうした広範な救済活動は、奥貫家の家計にとっては大きな負担となりました。

◈師の忠告「施す側の尊大さに気を遣え」

友山は、寛保三年四月二十七日に、三五二人に麦二石五斗を支給したのを最後に、物乞いに来る人たちへの支給を打ち切っています。友山は、その経緯を次のように記しています。

もう今年の麦が実ってきたので、物乞いの者たちへの支給を今日で打ち切った。

寛保三年の早春に江戸へ行き、成島先生（成島道筑《なるしまどうちく》。儒学者で、友山の学問の師）のお宅に伺ったところ、先生から、「物乞いの者に食べ物を与える際には、相手を蔑むような態度を取らないように慎みなさい」との教えを受けた。ところが、最近では、我が家の下働きの者まで自然と威張るようになり、物乞いの者に対して無礼な振る舞いがある。

成島先生が、その賢智をもって、遠く江戸から、こうした事態をお察しくださったのはありがたいことである。そこで、村の義右衛門《ぎえもん》が、年長で穏和な性格であるところを見込んで、物乞いの者たちに以後の支給の打ち切りを伝えてもらった。義右衛門に頼んだため、少しの混乱もなくおさまり、私の思いどおりに事が運んだのはめでたく喜ばしいことである。

また、狢村《むじな》の人が、「狢村の世話人（友山が提供した食糧の、狢村における分配責任者）が無礼な態度を取るので、あなた（友山）から直接救済の食糧を受け取りたいと思います」と言ってきたことがあった。そのとき、私は、「そのようにしては、私やあなたと世話人との関係にひずみが生じてしまい、よくありません。ここは我慢して、世話人から受け取るように」と言い聞かせて帰した。その人は、その後、物乞いをして暮らし、私からの穀物は受給しなくなったけれども、「以前は、ずいぶん助けていただきました」と言って、御礼にわらじを持って来て、気持ちよく暇乞いをして帰っていった。

賢智ある成島先生のお言葉が、こういうときの対処の指針としてまことに有効だということに感じ入った。

こうして、友山は、学問の師である成島道筑のアドバイスをふまえて、物乞いの人たちへの支給を打ち切ったのです。友山ら村落指導者は、儒学を単なる机上の学問としてではなく、村落指導者としての行動を律する、実地に役立つ学問として学んだのです。

道筑は、施与する側に知らず知らず傲慢な心が生じることを忠告し、友山はその危惧が現実のものとなった時点で支給をやめたのです。ただ、寛保三年四月に入って支給量が増加していたことも事実であり、経済的負担の増大も打ち切りの背景にあったかもしれません。

また、狢村の事例も、施す側の尊大さを示しています。狢村の世話人は、友山からの食糧を村人に分配しているだけで、自分の財産を救済に充てているわけではないのですが、あたかも自分が救済者のように錯覚してしまったのでしょう。奥貫家の下働きの者と同じ感覚です。

友山は、ここでも道筑のアドバイスの正しさを再確認していますが、この場合には、友山に訴えてきた当人に対して、世話人から食糧を受け取るよう諭しています。友山は、他村の救済は、あくまでその村を代表する世話人を通して行なうべきであり、そうしないと救済もうまくいかないと判断したのです。この場合は、狢村における既存の社会関係を尊重した、現実的な対応をとったといえるでしょう。

◆奇特な百姓はほかにもいた

私財を投じて被災者の救済に当たったのは、友山ばかりではありませんでした。今泉村の百姓甚兵衛《じんべえ》は、米四俵、麦二四石、味噌四樽、金三両を、今泉村や久下戸村ほか三カ村の飢えた者や、物乞いの者に支給しました。また、遠方から来た物乞いの者三〇〇人を家に泊めてやりました。甚兵衛は、今回に限らず、これまでも村の百姓たちに力を貸して暮らしを助けてきたということです。

甚兵衛は、久下戸村に対しては、麦三石を三〇軒、一〇〇人の飢えた者に、洪水のときから寛保三年春まで、何度かに分けて支給しました。また、味噌三、四升と多少の米を老人や病人に与えました。さらに、金二両を、飢えた者たちの救済の足しにしてほしいと、友山らに渡しました。そこで、友山らはそれを、飢えた人たちに与える雑穀の購入代金に加えました。甚兵衛は、最初五両出したのですが、友山らのほうでは、彼が今泉村だけでなく、近隣の村むらの世話もしており、経済的負担がたいへんだと聞いていたので、三両は返して二両だけ受け取ったのです。

また、渋井村の有力百姓高橋半右衛門《はんえもん》も、友山と協力して、近隣村むらの救済に尽力しています（四五ページ参照）。半右衛門が拠出した穀物は、二四七石におよびました。

このように、洪水時には、多くの有力百姓が救済に尽力しました。彼らも友山と同様、自村・近隣村・物乞いの人びとのいずれをも救済対象としています。また、彼らは独自に救済活動を行なっただけでなく、相互に連携して救済にあたりました。

◈仁政の下でなぜ困窮が生じるのか

「大水記」の後半部分は、「救荒余話《きゅうこうよわ》」と題されてなかば独立しています。友山は、「救荒余話」において、洪水や凶作など、これまでの自身の経験を総括して、そこから現状の問題点や彼の反省・教訓を引き出しているのです。それはどのようなものだったか、友山の言を順に聞いてみましょう。

民に恵み深くするということは、徳川家康公が幕府を開いた際の基本姿勢であった。そのため、以後の代々の将軍も家康公の尊いお考えを家風として受け継いでこられたが、なかでも当代の徳川吉宗公はとりわけこのことを心がけておられ、そのりっぱなことは古代の聖主・賢王にも引けを取らない。民政に功績のある役人（大名）は必ず抜擢するので、今では役人たちは民の災難を救うことにのみ心を尽くしている。

なかでも、私たちのご領主である川越藩主秋元涼朝《すけとも》様は、吉宗公に認められて、江戸城西の丸の責任者に任じられるほど重用されている賢智の方であるから、吉宗公の政策を遵守して深く仁政《じんせい》（なさけ深い政治）を志しておられる。そして、秋元涼朝様のお考えを我がものとして、その家臣たちも民の危難を救うことに日々心を砕いている。にもかかわらず、無告《むこく》の民《たみ》（領主に窮状を告げて救いを求めることもない、哀れな民衆）が絶えないのはどういうわけかと思案したところ、以下の理由に思い至った。

「救荒余話」は、このような出だしから始まっています。ここには、幕府・領主に対する信頼感が表われています。一八世紀前半、幕府や大名はまだ民衆の信頼を失ってはいませんでした。では、それにもかかわらず、民の困窮はなぜ生じるのでしょうか。友山の見るところ、その原因は次の点にありました。

◇貪欲な民衆、不十分な救済

貪欲な民は自分の財産を隠して、実際は衣食の蓄えがあっても、ないかのように装って、災害時にはひたすら餓死しそうだと訴える。藩の役人が村の名主に実情を尋ねても、名主は貪欲な者たちの怒りを恐れて、真実を隠して返答するため、それ以上真相を確かめる手段はない。

そこで、救済対象者を下層の農夫（たとえば、所持する耕地の石高が三石以下）に限定したり、あるいは一定の人数・戸数を一律に救済対象にしたりすることになる。このように、一律の基準を設けて、それ以下の者はすべて救済対象にすると、いきおい対象者数が多くなってしまう（それは、基準以下の者の中にも、実際は救済を必要としない者がいるのに、それらも機械的に救済対象に含めてしまうからである）。

そのため、藩の役人は、藩の財産（米穀・金銭）を大量に救済用に使ってしまうことを懸念して、実際には、一日一人当たりの米穀・金銭の支給額を明確に定めずに、村全体でいくらといったようなおおまかな目安で支給することになる（一日一人当たりの必要額を積算すると、全体では厖大な額になってしまうので、それはせず、村全体への支給額を丼勘定で決めるのである—もちろん少なめに—。村側では、藩から支給されたものをとりあえずそのまま村に持ち帰らざるをえない）。それでは、名主がそれを村に持ち帰って、各村民に分配する段になると、一日一人当たり一合や〇・五合にもならなくなってしまう。

また、食糧が尽きて藩に訴えても、それが藩の上層部に伝わるまでに一〇日もかかるので、その間、困窮した民は飢えに苦しむことになる。

その一方で、欲望のために理性をなくした一部の民は、藩からの支給物を自分の財産に加えて、かえって平年よりも富み栄える。

こうしたことが起きるのは、救済対象とされる人数が多すぎるために、藩からの救済物資がそれを本当に必要とする者のところまで行き渡らないからである。

ここでは、緊急の必要はなくてももらえる物はもらっておこうという民衆の貪欲さと、それを抑えられない名主の権威のなさが批判されています。そのために、救済対象者が必要以上に拡大することになり（その結果、多額の出費を恐れる藩は、実際の支給額を抑制することになります）、それに藩内部の情報伝達の遅さも加わって、有効な救済ができなくなっているというのが友山の判断です。藩の善意にもかかわらず、一部の貪欲な民衆の存在によって有効な救済が阻まれているというのです。

◆必要な者に届く救済の古法

では、こうした現状のもとで凶作や災害が起こったら、どのような救済策をとればよいのでしょうか。友山は、次のように提案します。

私は凶作の年を目の当たりにして、こうしたやり方では有効な救済ができないことがわかった。思うに、以下に述べる方法以外に有効な救済策はない。

すなわち、古来から行なわれてきたやり方にならって、城下において粥をつくって困窮した民に食べさせるのが一番である。これこそが、藩の財産を無駄に費やすことなく、本当に困窮している者に食糧が行き渡る最善の方法である。

しかし、農民が城下に集まってくると、村での耕作が疎《おろそ》かになってしまう。そこで、村ごとに大きな百姓家一軒を提供させて炊き出し所とし、正直者を選んで粥の支給を管理させるのである。そうすれば、理性をなくした貪欲者は、実際には食糧を持っているのにないふりをして、炊き出し所に行って食事をするのはさすがに恥ずかしいので、手持ちの食糧を用いることになり、藩の財産を無駄に費やすことはなくなる。今の猿知恵より、一見迂遠《うえん》にみえても古法のほうが優れているものである。

先に、水塚について述べた箇所でも見たように、古法の重視は友山の持論でした。ここで友山は、「必要な者に必要なだけの救済を行なう」という原則を主張し、その具体的方法として、城下や村むらにおける炊き出し所の設置を提言しているのです。

◆友山の救済活動は分不相応？

さらに、友山は、寛保二年の洪水時における自身の救済活動を振り返って、次のように述べています。

今回、私が救済活動を行なうに当たっては、本来、藩主がなさるべきことを百姓の分際で代行してしまうという罪を犯すことになるのではないかと深く恐れたが、民の窮状を見るに忍びず行動を起こしてしまった。

私ごとき者は、親族や近隣の人を手持ちの食糧で救うくらいが分相応である。もし名主の職についているときは、一村の窮状を藩主に訴えればそれでよい。それを、私財を供出して藩主の仁政を横取りするような行為が、どうして許されようか。

ところが、この軽くはない罪を赦すばかりか、かえって過ちのなかに仁の心を察してくださったのか、ご褒美までいただいた。これには、藩主の寛恕《かんじょ》（度量が広く、思いやりが深いこと）の仁徳を仰ぐばかりである。

ここで、友山は、意外にも自身の救済活動について、分不相応なことをしてしまったのではないかと反省しています。実際は、藩による救済が不十分だったために、友山がそれをカバーしたわけですが、友山は、逆に、自分の行為が藩主の管掌する行政領域（災害対応を含む）を侵犯してしまったのではないかと危惧しているのです。そして、藩の救済の不十分さを批判するどころか、自分の行為を咎めずに褒賞までしてくれる藩主の寛大さに感激しています。

私たちからすれば、友山の行為は賞賛に値するように思えますが、友山自身は救済活動を手広くやりすぎたと後悔しているのです。自分の親類や隣近所の人たちに手持ちの食糧を分け与える一方、名主として村の窮状を藩に訴えるくらいが分相応だったと考えているわけです。

そして、友山がそう考えるには、それなりの理由がありました。それについて、友山の言うところを聞いてみましょう。

◈ねたみを買った友山

「その地位にふさわしくないことを計画・実行してはいけない」と言われるが、このたびの私の行ないは、先述したように、分不相応なことをした罪を遁《のが》れることはできない。また、人びとも私の行為を快く思わなかったため、何かと支障が多かった。

たとえば、村にある三つの寺の住職が来て、「あなたの救済にかける志には感服しました。ついては、私たちも飢えているので、金五両ずつ貸してください」と言った。そこで、「お断りします。私は、ただ、眼前の餓死せんとする者を救おうとしているだけであり、それにも力が及ばないありさまです。あなた方が欲しがっている金一五両があれば、一〇〇人を救うことができます。それを奪おうとは、僧侶の身でありながら、どういうつもりですか」と答えて、辱《はずかし》めて帰した。彼らが、私の行為をねたんでやって来たのだということが、後日になってわかった。

また、村内で私と同程度の経済力をもつ人たちは、皆、私へのねたみから、私の救済活動について一言も触れようとしない。道で出逢っても、いつも行きずりの人のように、黙って通り過ぎるだけである。

とりわけ驚かされたのは、私から救済を受けた理右衛門《りえもん》の言葉である。彼は私に、「他村の者を救済する穀物があるなら、その分、自村の村人に与える量を増やしてください。自村の者にはわずか一日五合の食糧しか与えずに、広く他村の者を救うとは何ともなさけない考え方です」と言った。これは、お互い気安い間柄だから、面と向かって言ったのである。ここから、直接、私にはそうは言えない村人たちの気持ちも、推して知るべしである。

そして、家いえを廻って門口に立ち喜捨を仰ぐ者たちは、内心では、「自分は不幸にして貧しい境遇に生まれたために、このような恥ずかしい目に遭わなければならない」などと思っていることだろう。こうした向ける相手のない恨みが、喜捨を与える家に向けられることもあるだろう。

ここから、友山の後悔の理由がわかります。友山の救済活動は、僧侶・有力百姓・一般百姓・物乞いの人たちのいずれからも、ねたみ恨まれ、あるいは不満をもたれていたというのです。

僧侶や有力百姓は、友山と同様に村内で高い地位や経済力をもっていたがゆえに、友山が突出して救済に力を発揮していることへの反発があったのでしょう。自らが友山並みに救済活動をしない、あるいはできないことに対する引け目があったのかもしれません。有力百姓が皆、友山同様の救済活動をしたわけではなかったのです。

また、友山から救済を受ける一般の村人たちも、友山に感謝はしていたでしょうが、一面では、他村の救済などやめて、自分たちをもっと手厚く救済してほしいという不満を抱いていました。村を越えた広範囲にわたる救済活動は、久下戸村の村人にとっては不満の種になっていたのです。これは、第三者からすれば、自村のことしか考えない狭いエゴイズムのようにも思えますが、被災して食糧のない当事者からすれば、抑えられない感情だったのかもしれません。

さらに、物乞いの人たちの、恥の意識と不幸感に由来するやり場のない恨みが、友山に向けられる可能性についても述べられています。

ここには、地域有力者が私財を投じて行なう救済活動の積極的意義の裏にある、その難しさが示されているように思います。

◆それでも善行は行なう

では、こうした周囲の反応から、友山はどのような教訓を得たのでしょうか。

人情の変わりようは、まことに恐ろしいものである。これも皆、私が分不相応なことをした罪からおこったことなのであろう。こうした人情の変わりようもあるので、この一冊（「大水記」）は後世に至っても、村の者に見せてはならない。また、このようなことがあるので、それを記録に残し、永く子孫に伝えるのである。

なすべきことをなし、してはならないことをしないのを、義という。仁とは、人のなすべきことである。不仁とは、人のしてはならないことである。仁を行なうことによって人情の変化に遭おうとも、それを恐れてはならない。身を殺して仁をなす、ということである。

仁を行なうということは、道を行なうことである。孝をなすべき場面では孝を行ない、忠をなすべき場面では忠を行なう。さらに、人に恩恵を与えることは、仁術を行なうということである。悪事を行なって天国に行けるとしても、悪事を行なってはならない。善行を行なって地獄に生まれ変わるとしても、善は行なうべきである。自分の身を大事に考えて行動を決めるというのは、君子のすることではない。

友山は、ここで自身の率直な真情を吐露しています。子孫にだけは、この経験を伝えたいと思ったのです。逆に、この内容はほかの村人たちには見せられないものでした。そこで、友山は、「大水記」を門外不出にしたのです。

友山は、自分の行為について、分不相応なことをしたという後悔・反省の念と、いや自分のしたことは間違っていないという思いとの間を揺れ動きました。そして、「救荒余話」(「大水記」の後半部分)は、「身を殺して仁をなす」、すなわち他人からどう思われようと、自らが善だと考えることを行なうべきである、という友山の決意で締めくくられているのです。

◆地域の記憶に残った友山の事績

寛保二年の洪水から三五年が経った安永六年（一七七七）、年老いた友山は、「今の世を見るに、大名諸侯の反乱によって世が乱れることはないだろう。この先、世が末になって、徳川家康公の徳化の影響が薄らぐようなことになれば、世の中は百姓から乱れるだろう」と述べています。一八世紀後半における百姓一揆の多発を目の当たりにして、友山は世の乱れを予感するようになっていったのです。

また、同年、「人に恩恵を施すときも、自己の力量をわきまえて行なわなければ、かえって禍いのもととなる。寛保二年の大洪水のとき飢えた者たちを救ったのは、私の生涯の誤りだった。そのために家は貧しくなり、妻子には恨まれ、村人たちを教諭しても効果はなく、辛い思いをした」と述べています。

実際、寛保二年には一七〇両だった奥貫家の借金は、翌寛保三年には三九七両と倍以上にふくれあがり、宝暦二年（一七五二）にも三七六両余の借財が残っています。洪水の被害やその後の救済活動における出費が、家計に打撃を与えたのです。友山は、借金してまで広範な救済活動を行なったのでした。

そして、友山の心は「大水記」執筆以降も揺れ続け、「救荒余話」末尾での決意にもかかわらず、晩年には悔恨の情が優勢になっていたように思われます。

けれども、久下戸村には、「伝馬騒動《てんまそうどう》（明和元〜二年〈一七六四〜六五〉に、現埼玉・群馬両県域を中心におこった大規模な百姓一揆。このとき、多くの有力百姓の家が、一揆勢によって打ちこわされた）の際、寛保二年水害時の救済の恩人である奥貫家のみは打ちこわしを受けなかった」という話が伝わっているということです。

友山の救済にかけた思いの何ほどかは、やはり後世まで伝わったのではないでしょうか。

第3章　飢　饉

――三大飢饉の記録を読む

本章では、飢饉を取り上げます。菊池勇夫氏によれば、飢饉とは、自然的・人為的要因により、食糧が極端に欠乏して餓死におよぶような状態のことです。江戸時代は、今日に比べて農業生産力が低かったので、異常気象や害虫の発生を契機に、繰り返し飢饉が発生しました。本章では、そのうち、享保・天明・天保の三回の飢饉について見ていきます。

これらの飢饉は、江戸時代の飢饉の中でもとりわけ深刻な被害をもたらしたもので、江戸時代の三大飢饉といわれることもあります。

1　享保の飢饉

◇「享保十七壬子大変記」が記すウンカの大被害

ここでは、浜地利兵衛《りへえ》著「享保十七壬子《みずのえね》大変記」（享保二十年〈一七三五〉＝壬子の年に成立）を取り上げます。

著者浜地利兵衛（一六八二〜一七五九）は、筑前国《ちくぜんのくに》志摩《しま》郡《ぐん》元岡村《もとおかむら》（福岡藩黒田家領）の人。享保三年（一七一八）から延享四年（一七四七）まで大庄屋《おおじょうや》を務めました。同家は、一七世紀前半以降、代々大庄屋を務める家柄でした。大庄屋とは、庄屋や百姓の上に立ち、複数の村むらを管轄下に置く行政職で、地域の有力百姓が任命されました。福岡藩の大庄屋は、十数カ村から三〇カ村程度を統括しており、志摩郡には二人の大庄屋がおかれました。

「享保十七壬子大変記」（以下、「大変記」という）は、享保の飢饉の記録です。「後代の慎みのために、飢饉の概略を記す」と、執筆の動機が記されています。

享保の飢饉は、西日本における江戸時代最大の飢饉です。享保十七年に大繁殖したウンカ（稲の害虫。小さな虫で、大群をなして移動することもある）によって稲が食い荒らされ、九州・中国・四国地方を中心に多数の飢え人・餓死者を出しました。「大変記」によると、元岡村周辺では七月十日ごろからウンカの被害が拡大し、十三日から十四日にかけては、田の水が醤油の色よりも赤くなり、稲は残らず腐って駄目になってしまったということです。

全国の被害状況としては、飢え人二六四万六〇〇〇人余、餓死者一万二一〇〇人余、死牛馬一万四二〇〇頭余という公式記録がありますが、実際の死者はこれをはるかに上回ると考えられます。大名の中には、多数の餓死者が出たことを幕府に報告すると、幕府からその責任を問われるのではないかと恐れて、死者数を少なく申告する者があったからです。

実際には、福岡藩だけでも、総人口の二〇～二五パーセント、六万～八万人程度が死亡したとされています。福岡藩は、享保十二～十六年（一七二七～三一）の五年間の平均年貢量が一六万八六五二石でしたが、享保十七年にはそれが三万九一二九石（過去五年平均の二三・二パーセント）に激減してしまいました。

◈救済に尽力した福岡藩や幕府

「大変記」には、「享保十七年七月に稲が腐ったときに、すぐに蕎麦《そば》をたくさん蒔いた者は、年内に蕎麦を収穫でき、生き延びる一助となった。この点は、後年のために、第一に心得ておくべきことである」と記されています。また、蕎麦の花・よもぎ・籾殻《もみがら》・大豆の葉など、ふだんは食べない非常用食物の調理法も述べられています。「大変記」は、飢饉を生き抜くためのサバイバル・マニュアルでもあったのです。

「大変記」の末尾には、次のように記されています。

享保十七年はまれにみる凶作年だったので、殿様（福岡藩主）もお嘆きになり、藩の資金をすべて投じて、お恵み深く領民をお救いくださった。しかし、救うべき人の数がきわめて多かったためにお救いも行き届かず、その結果、餓死した人も少なくなかった。餓死者が多かった時期には、墓にきちんと埋葬することもできず、こも（あらく織った

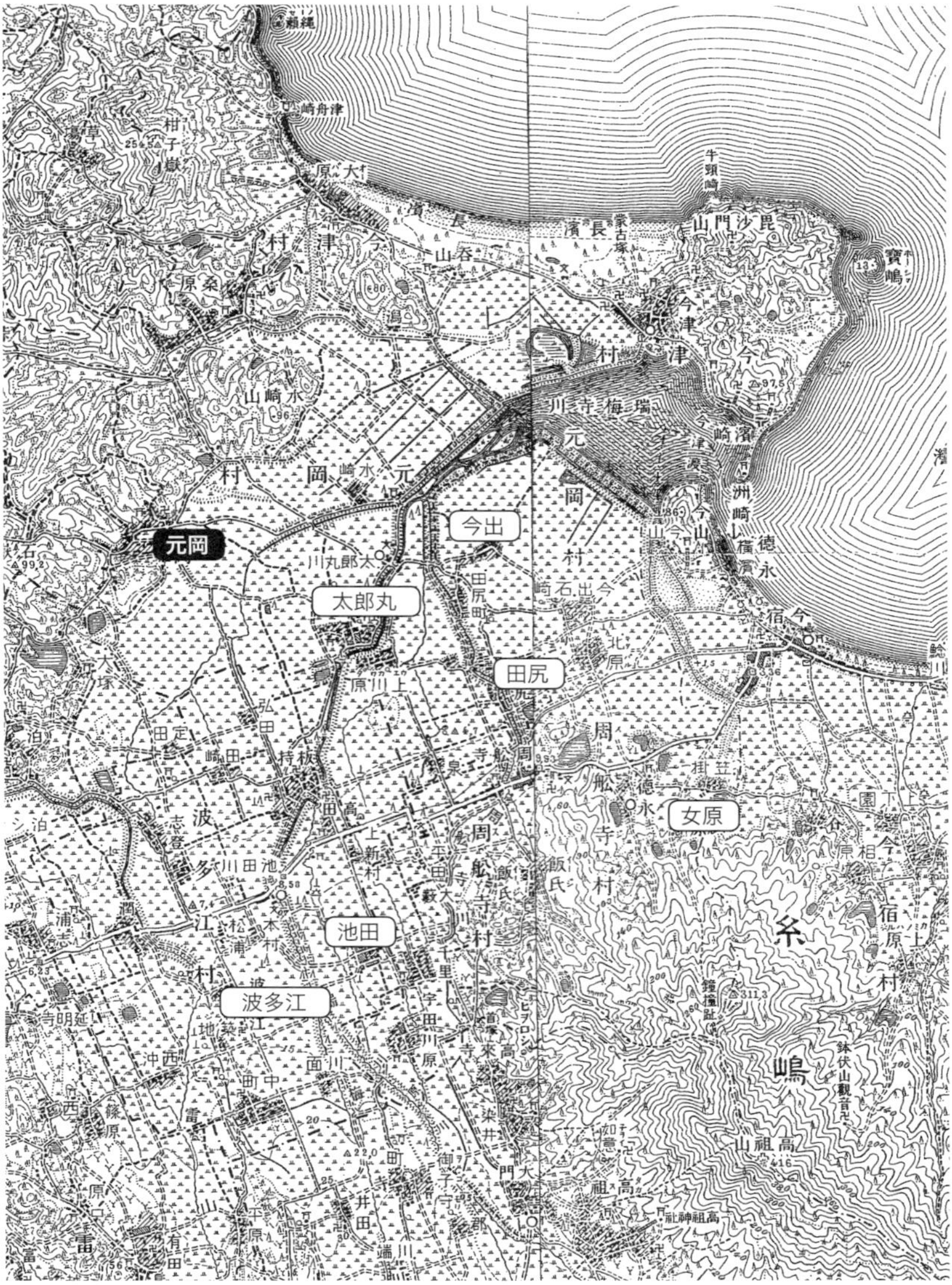

地図３　「享保十七壬子大変記」に関連する地名
（地図は５万分の１「前原」「福岡」〈明治 33 年測図〉より）

むしろ）やむしろ（藁《わら》などで編んだ敷物）に包んで、屋敷の隅などに穴を掘って埋めた。また、埋める人もいない死体は、村で処理にあたった。行き倒れて、道路に骸骨をさらす遺体もあり、その哀れなありさまはとても文章では表現できない。

哀れみ深い殿様は、幕府に、米・金の援助をお願いしてくださった。そのため、幕府からは、飢饉の被害を受けた国ぐにへ米・金が下付された。困窮した民をお救いになり、下賤のわれわれまでお助けくださり、まことにありがたいことである。

子孫・後代への教訓にもならないかもしれないが、下じもの者としては、常日頃から奢りをつつしみ、無駄を省き、雑穀などを毎年貯えておいて、凶作の年に備えることが大事だと考え、悪筆ではあるが、直筆で記しおくものである。


このように「大変記」の著者は、飢饉の悲惨な状況を後世に伝えるとともに、日頃の備えの重要性を強調しているのです。同時に、福岡藩や幕府が困窮者救済に尽力したことを高く評価しています。

福岡藩（黒田家）では、具体的な対策として、鯨油《げいゆ》（鯨からとれる油）を用いたウンカの駆除を指示するとともに、領内の有力神社に害虫退散の祈祷を命じています。合理的駆除法を実施するとともに、神頼みも併用しているのです。前者の駆除法は、鯨油を水田に注いでおき、そこに稲についたウンカをはたき落として窒息死させるというものです。「大変記」にも、鯨油を使って駆除に効果があったことが記されています。

福岡藩は、享保十七年七月には、米・大豆・雑穀の領外移出禁止を命じ、また穀物の高値での販売を禁止しました。何とか、領内における食糧の流通を安定化させようとしたのです。また、同年九月には、藩は、領内の富裕な町人・百姓から米・銀を出させて、それを大庄屋の判断で郡ごとに飢え人の救済に用いるよう命じました。さらに、藩では、幕府から米を回してもらうとともに、二万両を拝借して飢饉対策に充てました。

総じて、享保の飢饉時には、のちの飢饉のときと比べて、幕府や各藩が民衆の救済に、より積極的な役割を果たしたといえます。幕府も藩も、後年と比較すると、まだ経済的にゆとりがあったのです。

そして、翌享保十八年の六〜七月になると、麦の収穫によって食糧の確保が可能となったため、ようやく飢饉は終息に向かいました。

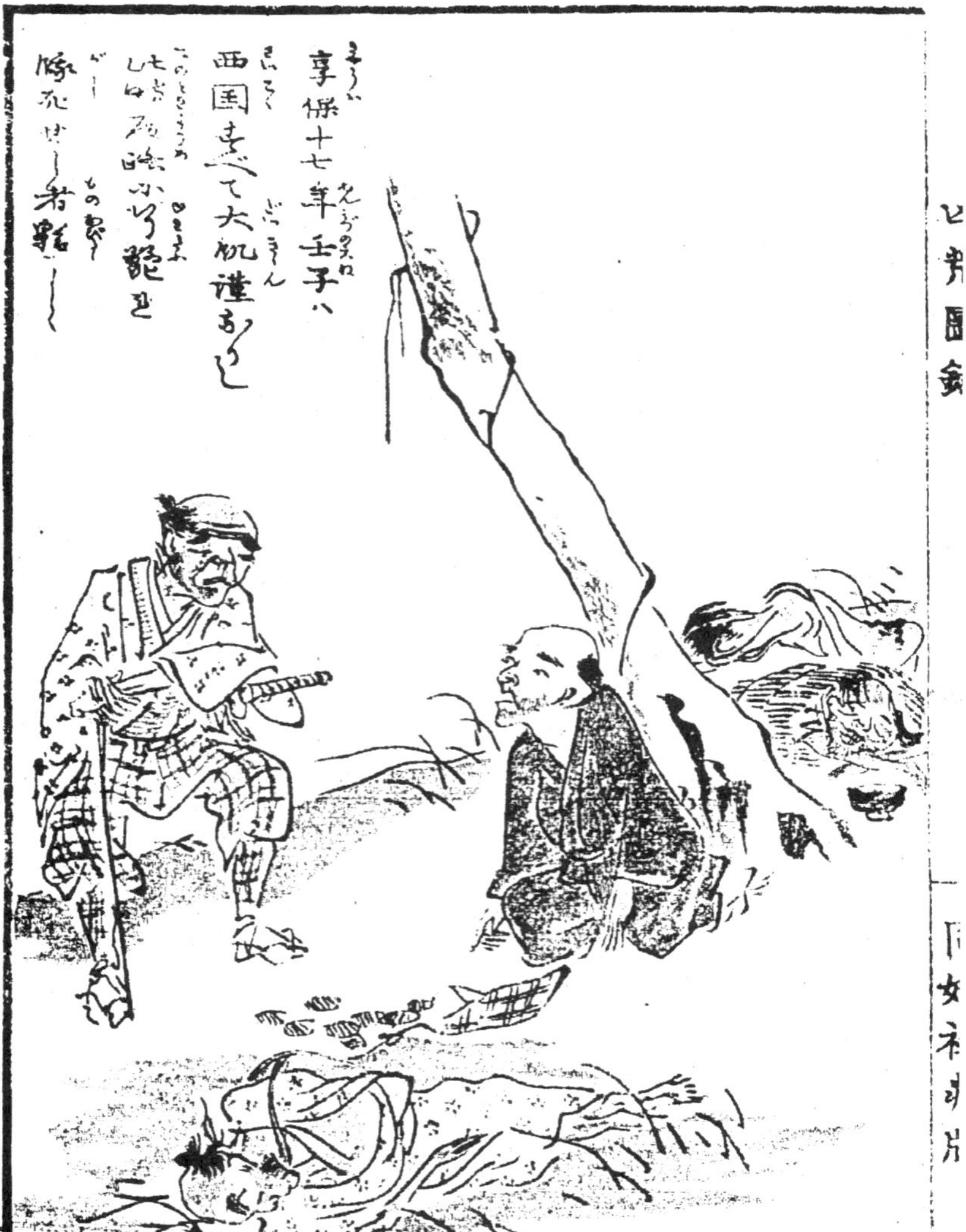

道に倒れている男は、大金を手にしたまま餓死しています。
飢饉のときには、金があっても食糧を買えないことがありました。

絵図３　西国飢饉金を持て餓死せし図
（享保の飢饉、『凶荒図録』〈国立国会図書館所蔵〉より）

◆質屋と百姓の利害対立

飢饉のような非常時には、人びとの間の矛盾が一挙に表面化します。その一例として、「大変記」には、次のような記述があります。

享保十七年に、村むらの百姓は、飢えを凌《しの》ぐために衣類・家財を質屋に質入れしてしまった。そこで、同年冬から翌年春にかけての寒さを乗り切るために、藩からは、「村ごとに、庄屋・頭百姓《かしらびゃくしょう》（庄屋を補佐する役職。他地域の組頭《くみがしら》に相当）が質屋に『預かり手形』を渡して、村人たちが質入れした品物を取り戻し、村人たちに寒さを凌がせるように」と仰せつけられた。

しかし、質屋たちは、質物《しちもつ》（質入れした品物）を取り戻されると困る旨を申し上げ、代わりに銀を差し出すから質物を返すのは勘弁してくださるように願い出たため、そのように決まった。そこで、怡土郡《いとぐん》・志摩郡の質屋たちは、合わせて銀六貫目を出して、質物の返却を免れた。この六貫目の出銀は、享保十七年の郡の支出に充てられた。

ここから、百姓たちが、手持ちの衣類などを質屋に質入れして金を借り、その金で食糧を購入して飢えを凌いでいたことがわかります。しかし、冬に向かうにつれ、冬物の衣類を質入れしたままでは、今度は冬の寒さが凌げなくなってきました。

一般に、江戸時代の百姓たちは、常時借金を抱えつつ、何とか家計をやりくりしていました。夏には、使わない冬物の衣類を質に入れて生活費を借り、冬にはそれを請け出して着るとともに、代わりに夏物を質入れして、また借金するといったサイクルを繰り返していたのです。ところが、享保十七年には、飢饉のために百姓たちが困窮し、寒い季節になっても冬物衣類を質屋から請け出すことができなかったのです。

藩は、当初は緊急措置として、百姓たちが借金を返さなくても、一時的に質入れした冬物衣類を取り戻すことを認めようとしました。その際、村ごとに、庄屋などの村役人が質屋に、「村人が質入れした衣類などを、一時的にお返しいただき、確かに預かります」といった内容の「預かり手形」を渡すことにしたのでした。手形を出すことによって、これが一時預かりであり、冬を過ぎれば質物は質屋に返すことを明確にしようとしたのです。

しかし、質屋の側は、それでも安心できませんでした。百姓たちが、衣類を手元に引き取ったまま、借金も衣類も返さないことを恐れたのです。質屋は、百姓に質物を返す代わりに、藩に銀を上納することを提案し、藩もそれを認めました。この銀が、郡内の困窮百姓たちの救済に回されたのです。

銀の分配の実務は、浜地利兵衛ら大庄屋が担いました。質物の取り戻しという直接的なかたちではありませんが、質屋が百姓救済に一役買ったことは事実でしょう。しかし、直接質物を取り戻せないことに不満を抱いた百姓もいたと思われます。

当時の質屋には専業の者は少なく、村に住んで農業などを営みつつ、そのかたわら質屋も営業しているのが一般的でした。質屋も、身分的には百姓だったのです。質入れする側も、質に取る側も、ともに村に住む百姓でした。質物をめぐっては、百姓内部で利害対立があり、そこに藩が関与することで、一定の妥協がなされたのです。

◈奉公人と雇い主の利害対立

地域社会の内部における利害対立は、質物をめぐるものにとどまりません。次に、奉公人をめぐる相克について見てみましょう。

享保十七年七～八月に、中通り《なかどお》（元岡村にほど近い地域の名称）の村むらでは、雇っていた奉公人（下人《げにん》〈男の奉公人〉・下女〈女の奉公人〉）に与える食糧が不足し始めたため、雇い主が奉公人に暇を出したところ、そのうちの大部分は飢え死にしてしまったということです。

土地を多く所持している裕福な百姓は、奉公人を雇用して、農作業や家内のさまざまな仕事に使っていましたが、食糧が乏しくなると、彼ら・彼女らを養うことができなくなって解雇したのです。解雇された奉公人には、餓死という悲惨な運命が待ち受けていました。そのため、享保十七年の冬から翌年の春にかけて、飢えた男女は無給で年季奉公（一年、三年などと年季を決めて奉公すること）しました。たとえ無給であっても、奉公期間中は三食食べさせてもらえましたから、餓死することはありません。それだけで満足だというわけです。中には、少額の給料を受け取る者もいました。

一方、生活していくに足るだけの食糧を確保している者は、できるだけ奉公人を召し抱えるようにしたということです。

ここからは、飢饉時にあっては、下人・下女としての奉公が生き延びる手段の一つとなっていたことがわかります。給料を稼ぐなどということは、二の次、三の次の問題であり、まずは命あっての物種《ものだね》だったのです。また、富裕者の側には、飢饉のような非常時には、なるべく困窮者を雇用してその生存を保障することが求められており、実際にそのように行動した者は大勢いました。しかし、富裕者の財力にも限界があり、限界を越えた場合には、奉公人は解雇される運命にありました。飢饉は、弱者にとって、より苛酷なものだったのです。

翌享保十八年になると、今度は、解雇されたけれども自力で何とか生き延びた奉公人の前借り米について争いが起こりました。奉公人の中には、奉公を始める際に、奉公期間中の給料を米で前借りする者が多数いました。前借りの代償として、奉公したわけです。当時は、奉公の給料が前借り米の利子に相当すると考えられていたため、奉公をやめる際には、前借り米の全額もしくは一部を返済しなければなりませんでした。

しかし、ここで述べたケースは、雇い主の都合で奉公人に暇を出したわけですから、奉公人の側からは、前借り米の返済条件を緩和してほしいという要求が出てきます。そこで、返済条件をめぐって、元の雇い主と奉公人の間でトラブルになったのです。

この問題に対処するため、志摩郡など四つの郡の大庄屋たちが福岡で会合し、前借り米の返済基準について相談しました。その結果、奉公の途中で暇を出した場合は、雇い主の側の都合による奉公契約の解除ですから、前借り米の四割を返済免除とし、六割を奉公人側から返済させることに決定しました。また、奉公人のいっせい契約更改日である十二月十三日まで奉公し、そこで暇を取った者については、契約の期限まで雇われていたということで前借り米の返済は免除せず、当初契約時の契約書の文言どおりの条件で返済させることにしました。

このように、雇用・貸借関係をめぐる争いについては、当事者任せにせず、地域の行政を預かる大庄屋たちが協議して、統一的なルールづくりを行なったのです。先述したように、領内の富裕者が出した米・銀の困窮者への配分も大庄屋が主導して行なっており（七五ページ参照）、飢饉時における彼らの役割にはたいへん大きなものがありました。

◆労働力市場での力関係の逆転

享保十八年は、気象条件としては豊年になるべき年でしたが、四月から七月にかけて伝染病が流行したことと（飢饉の翌年に伝染病が流行することは、ほかの飢饉においても広く見られました）、飢饉によって人も馬も疲れ果て、農作業が遅れがちになったことにより、多くの収穫をあげることはできませんでした。そのため、享保十八年の暮れまでは奉公人を雇用する者は少なく、逆に奉公を望む者は大勢いました。奉公人にとっては、依然、就職難だったのです。

ところが、享保十九年になると状況が逆転しました。同年の暮れは作柄もまあまあで奉公人の需要が多く、それに比して奉公人のなり手が少なかったので、他領や他郡へ稼ぎに出ている者は藩によって呼び戻されました。それでも、志摩郡では、一五〇〜一六〇人も下人が不足したということです。

奉公人を雇いたい人は多いのに、奉公人のなり手は少なく、どこの村でも村人が村外へ奉公に出ることを禁止しました。そうすることによって、自村だけは奉公人を確保しようとしたのです。そのため、他村からやってくる奉公人に頼っていた村では、奉公人が極端に不足することになりました。そうした事情はどの郡でも同じでした。

こうした状況下で、奉公人たちはより多くの給料を要求するようになりました。賃上げ要求です。その結果、一年契約の下人の給料は米六俵に増加しました。また、米を前借りして奉公を始めた者は、前借りした米の多少に応じて、その一部を返済免除とされました。総じて、奉公人に有利な雇用条件になったのです。

享保二十年の春にかけて、下人の不足はますます深刻になり、奉公人を使って多くの田畑を耕作している者は困ってしまいました。一方、下女が不足することはなかったということです。

また、享保十七年の冬から十八年の春にかけて奉公を始めた者のなかには、無給・薄給で長い年季の雇用契約を結んだ者もいました。飢饉で食糧難の時期には、契約期間が長いほど、奉公人はその間の生存が保障されることになり、安心できたからです。

ところが、享保十九年の暮れから二十年の春にかけて奉公人が不足するようになり、給与水準が上昇すると、それをみた長期契約の奉公人たちは、今度は自分たちにも給料を支払うよう（あるいは額を上げるよう）要求し始めました。そのため、新たに給料を支払うことにしたり、雇用年限を短くした雇い主もいました。このように、奉公人を雇う側の富裕な百姓と、雇われる側の百姓とは、給料や雇用条件をめぐって利害が相反する場合があったのです。

以上見たように、飢饉時には、人間と自然との関係が問われるとともに、人と人との関係のありようも鋭く問われたのです。貸借や雇用のルールはどうあるべきか、幕府・領主・大庄屋・富裕者らは困窮者救済にそれぞれどのようなリーダーシップを発揮すべきか、これらをめぐって人びとの模索と努力が続けられたのです。

2 天明の飢饉

◆人災でもあった天明の飢饉

次に、天明の飢饉を取り上げます。天明の飢饉のピークは、天明三年（一七八三）秋の冷害による大凶作から翌年にかけてであり、東北地方を中心に甚大な被害をもたらしました。天明三年は、東北地方の太平洋側で、ヤマセと呼ばれる海からの冷たい風が強く吹きつけたために冷夏となり、大凶作となったのです。東北地方全体で、三〇万人を超える死者が出たといわれています。

この飢饉は天災というだけでなく、人災の側面ももっていました。全国的に市場経済が発展するなかで、東北地方の諸藩は、特産物として米や大豆などの生産を奨励・推進しました。これらを江戸や大坂へ移出すれば、高く売れたからです。しかし、もともと南方原産の稲を東北地方で栽培することには危険がともなっていました。稲の栽培が拡大すればするほど、冷害による飢饉の危険性も増大していったのです。

凶作時の救済手段を見ると、江戸時代前期には、領主の備蓄米放出と、百姓たちの助け合いとが、車の両輪として機能していました。ところが、天明年間（一七八一～八九）ころになると、東北地方の領主たちの財政はしだいに苦しくなり、飢饉の際にも、十分な救済措置を講じることができなくなってきました。

それどころか、東北諸藩は、その年の年貢米を担保に、大坂や江戸の商人たちから借金していましたから、凶作によって領内の米不足が予想されるときでも、年貢米を大坂や江戸に運送して、借金の返済に充てざるを得ませんでした。こうした諸藩の対応が、飢饉の被害を一層拡大することになったのです。飢饉は、一面で紛れもなく人災でした。

幕府の対応をみると、享保の飢饉のときには、東日本の米を飢饉地帯に回したり、大名

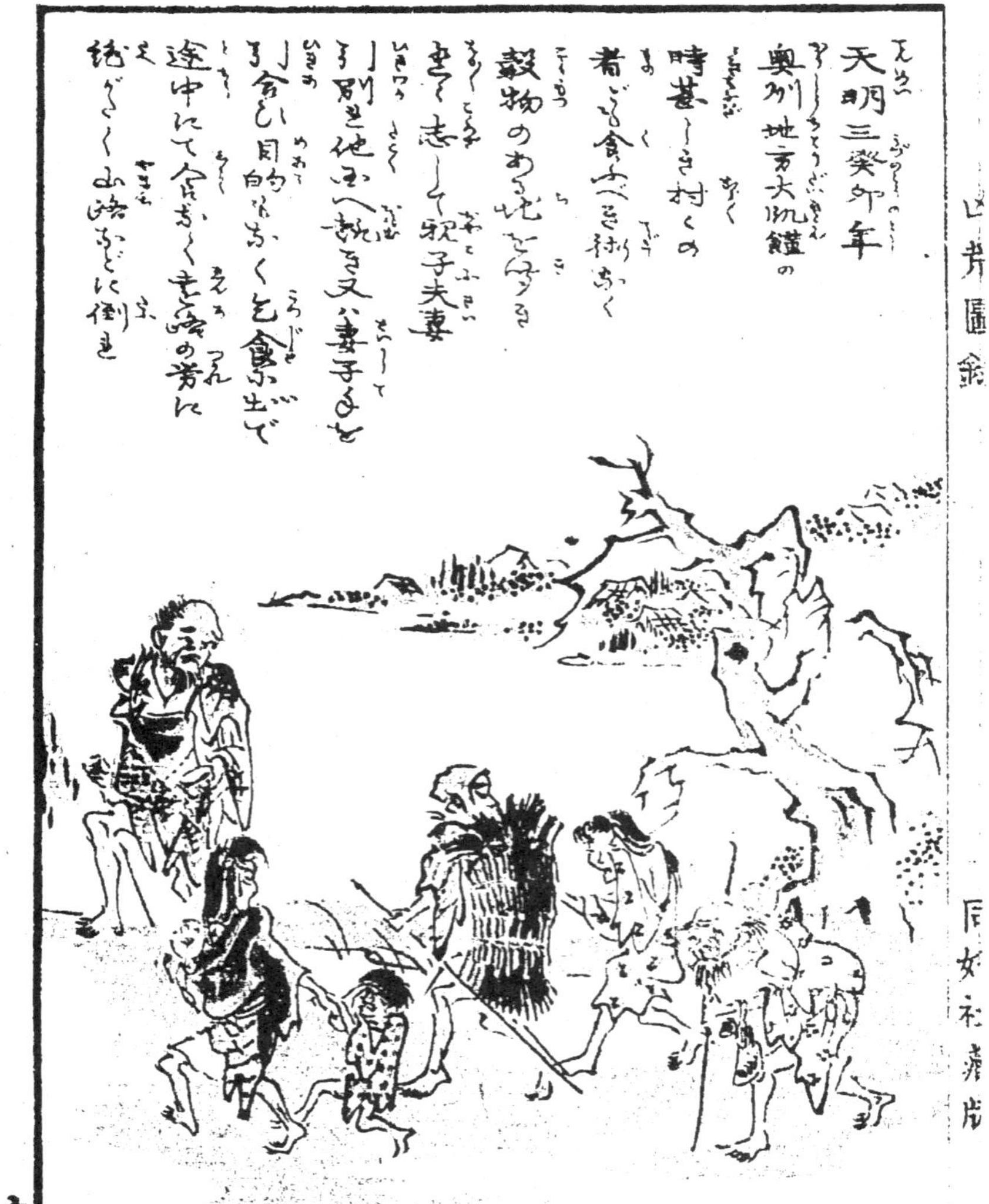
凶荒圖録
天明三癸卯年
奥州地方大飢饉の
時甚しき村々の
者ども食ふべき術なく
穀物のある地を慕ひ

東北地方では、多くの村人たちが乞食となって、食糧を求めて流浪しました。

絵図4　奥州凶歳飢民出羽に流落する図
（天明の飢饉、『凶荒図録』〈国立国会図書館所蔵〉より）

に拝借金（大名が幕府から拝借する金）を下付したりと、幕府は全国統一政権として、被災地の救済に努めました。ところが、天明の飢饉時には、幕府のこうした積極的救済策はあまり見られなかったのです。

また、村の中では、しだいに貧富の格差が拡大し、凶作時の蓄えを持たない百姓が増えてきました。こうした下層の百姓にとって、飢饉の打撃はひときわ苛酷なものでした。

このように、領主・百姓の双方とも、凶作に対して「打たれ弱く」なっていたところに、天明の飢饉が襲ったのです。

◆極限状況下の人間

飢饉に直面して、領主や有力百姓はそれぞれ困窮者の救済にあたりましたが、それは十分なものではなく、大量の餓死者・病死者を出すことになりました。こうした極限状況下においては、平常時では考えられないことも起こりました。そのいくつかを、菊池勇夫氏の研究によって見てみましょう。

八戸《はちのへ》藩領では、次のような話が伝えられています。ある村に六人家族がいましたが、うち四人が餓死し、残る二人も心中して、一家全員が死に絶えてしまいました。そこで、隣村に嫁いでいた娘が、村に戻ってきて、実家に火を付けて家族を火葬にしようとしました。飢饉のなかでは、一人ひとりていねいに墓地に埋葬することなどできなかったのでしょう。

ところが、親兄弟の死体を見て気が変わり、火葬にするのはもったいないと思って食べてしまいました。それ以来、人肉の味を覚え、自分の夫や子どもを殺して食べ、また行き倒れ人の死骸を食べ、そのあげく他人の子どもを追いかけ回したりするようになりました。そこで、村人たちは相談して、娘を殺すことにしました。そして、山に隠れた娘を、猟師に頼んで猟犬を使って狩り出し、鉄砲で射殺したということです。

また別の村に、四人家族がいました。戸主夫婦とその子、夫の母親（姑《しゅうとめ》）という家族構成でした。夫が先に餓死したあと、妻が我が子を殺して食べてしまいました。それを見た姑が村へ訴え出たので、村人たちが相談し、これは人間の所業ではないということで、妻を川へ投げ込んで殺しました。ところが、今度は、食糧を食べ尽くした姑が、近所の子どもを打ち殺そうとしたので、村人たちはその姑を絞め殺したということです。

◈盗みに対する村の刑罰

飢饉のもとでは、飢えを凌ぐための食糧盗難や放火が頻発しました。それを防ぐために、犯罪者に対する制裁は苛酷なものとなりました。

天明三年（一七八三）、弘前《ひろさき》藩では領内村むらに対して、盗賊などは見つけ次第、藩に報告することなく打ち殺してかまわないと指示しました。通常ならば、村人たちが犯罪者を見つけたら、捕縛して藩役人に引き渡し、犯罪者は藩の裁判によって罰せられます。村人たちが、勝手に死刑を執行することなど、許されてはいませんでした。ところが、飢饉という非常時においては、村での即決処刑が認められたのです。

その結果、放火犯を発見した村人たちは、生きたまま犯人の骨を折って殺したり、寒い夜に裸にして縛り付け、さらし者にして殺したりしたといいます。放火は、裕福な家の親類や、そこに出入りしている者などが、食糧の援助をしてもらえない腹いせに行なうことが多くありました。

次に、盗みの場合を見てみましょう。今度は盛岡《もりおか》藩の事例です。ある村で、畑で実る前の大豆を盗んだ百姓がいました。村人たちは、その百姓の親子五人を縄で縛り上げ、どんなに謝罪しても聞かずに、川の深みに沈めて殺そうとしました。なかには泳いで岸に上がろうとする者もいましたが、村人たちはそれを鉞《まさかり》や棒で殴り殺して沈めてしまいました。

別の村では、天明三年八月に、次のような取り決めをしました。

今後、盗人を見つけて取り押さえたときは、逮捕にあたった当人はもちろん、村役人や盗人の親類・五人組（年貢納入の連帯責任や相互扶助のために、五戸前後の百姓でつくられた組織）の者が立ち会い、ただちに川へ引き込むことにする。これを、しっかりと心得ておくこと。

また、取り押さえた盗人がほかの村の者だった場合は、逮捕にあたった当人と村役人が盗人をその居住村まで連行し、その村の肝煎《きもいり》（名主）に強くことわって、盗人を取り調べたうえで帰村すること。

ここでも、盗人を村独自の判断で、川に沈めて死刑にすることが定められているのです。時期が下りますが、天保の飢饉時の八戸藩においては、盗みをはたらいたために、頭から「かます」（藁でつくった、穀物などを入れる袋）をかぶせられて生きたまま川に投げ込まれ、溺死した者がたくさんいました。当時は、川の中を流れたり、川岸の木の根に引っかかった死体が多数目撃されたということです。川のない村では、盗人を山や谷で殺害し、死骸は穴を掘って埋めていました。

中には、こうして殺された者の家族がこれを恨んで報復に出ることを恐れて、罪のない家族全員を殺害した村もありました。飢え死した者より、かますをかぶせられて死んだ者のほうがずっと多かったといわれているほどです。藩がこうした状況を公認もしくは黙認していたこともあって、こうした私刑が広範に行なわれていたのです。

極限状況下にあって、村の規制力が苛酷なかたちで極端化したものといえるでしょう。

◈後世への警鐘としての「年代記」

では、天明の飢饉を体験した人びとは、そこからどのような教訓を汲み取ったのでしょうか。この点を、「年代記」という史料から見てみましょう。

「年代記」の著者は、陸奥国《むつのくに》牡鹿郡《おしかぐん》真野村《まのむら》（現宮城県石巻市）の人、加納三左衛門信春《かのうさんざえもんのぶはる》

（一七一二～九〇）です。「年代記」の中心部分が成立したのは天明四年ですが、このとき信春は数え年で七三歳でした。彼は享保十九年（一七三四）から明和七年（一七七〇）まで真野村の肝煎を務めましたが、天明四年にはすでに隠居していました。

「年代記」は、災害の記録を中心としつつも、それにとどまらず、年ごとの農作業の進捗状況、気象状況、豊凶の作況、米価を中心とした物価動向、社会的事件や藩政の動向などにもふれています。信春は、「年代記」執筆の意図に関して、次のように述べています。

昔から、甲戌《きのえいぬ》と乙亥《きのとい》の年には、何か大変事や凶作が起こっているように見受けられる。そのときになって慌て騒ぐのでは、宝暦六年（一七五六）や今年のように飢饉になってしまう。わずか二九年前（宝暦六年の飢饉のこと）のことでさえ、今三〇～四〇歳くらいの者たちに朝夕語り聞かせても耳に入らない。

ここに出てくる甲や乙は十干《じゅっかん》、戌や亥は十二支《じゅうにし》です。

十干とは、甲《きのえ》・乙《きのと》・丙《ひのえ》・丁《ひのと》・戊《つちのえ》・己《つちのと》・庚《かのえ》・辛《かのと》・壬《みずのえ》・癸《みずのと》のことです。中国古代の思想である陰陽五行説《いんようごぎょうせつ》では、万物は木・火・土・金・水の五元素からできており、さらにそのそれぞれには陽（兄）と陰（弟）があるとされます。この陰陽五行説と十干が結びついて、甲が「きのえ」（木の兄）、癸が「みずのと」（水の弟）などとなったのです。

また、十二支とは、子《ね》・丑《うし》・寅《とら》・卯《う》・辰《たつ》・巳《み》・午《うま》・未《ひつじ》・申《さる》・酉《とり》・戌《いぬ》・亥《い》のことで、皆さんも年賀状などでおなじみでしょう。

この十干と十二支を組み合わせて、甲戌や乙亥のようにして、年や日を表わしました。

信春は、ここで、過去に凶作や自然災害がおこった年を調べて、それが甲戌と乙亥の年に集中していることを発見したのです。そのことに合理的必然性はないかもしれませんが、信春はそこから災害が周期的に繰り返すものだという認識を得ているのです。彼は、「今後二九年か三〇年目には、凶作の年が来るだろう」とも述べています。

そして、災害記憶の風化の早さを嘆き、後世の人びとへの警鐘として、「年代記」を執筆したのです。信春は「年代記」を、村の肝煎や組頭《くみがしら》に回覧し、大肝煎《おおきもいり》（大庄屋《おおじょうや》）の石井庄五郎《いしいしょうごろう》へも提出しました。さらに、仙台藩士大条内蔵人《おおえだくらんど》（真野村に領地をもっていました）の家臣へも差し上げています。武士・百姓を問わず、できるだけ幅広い人たちに読

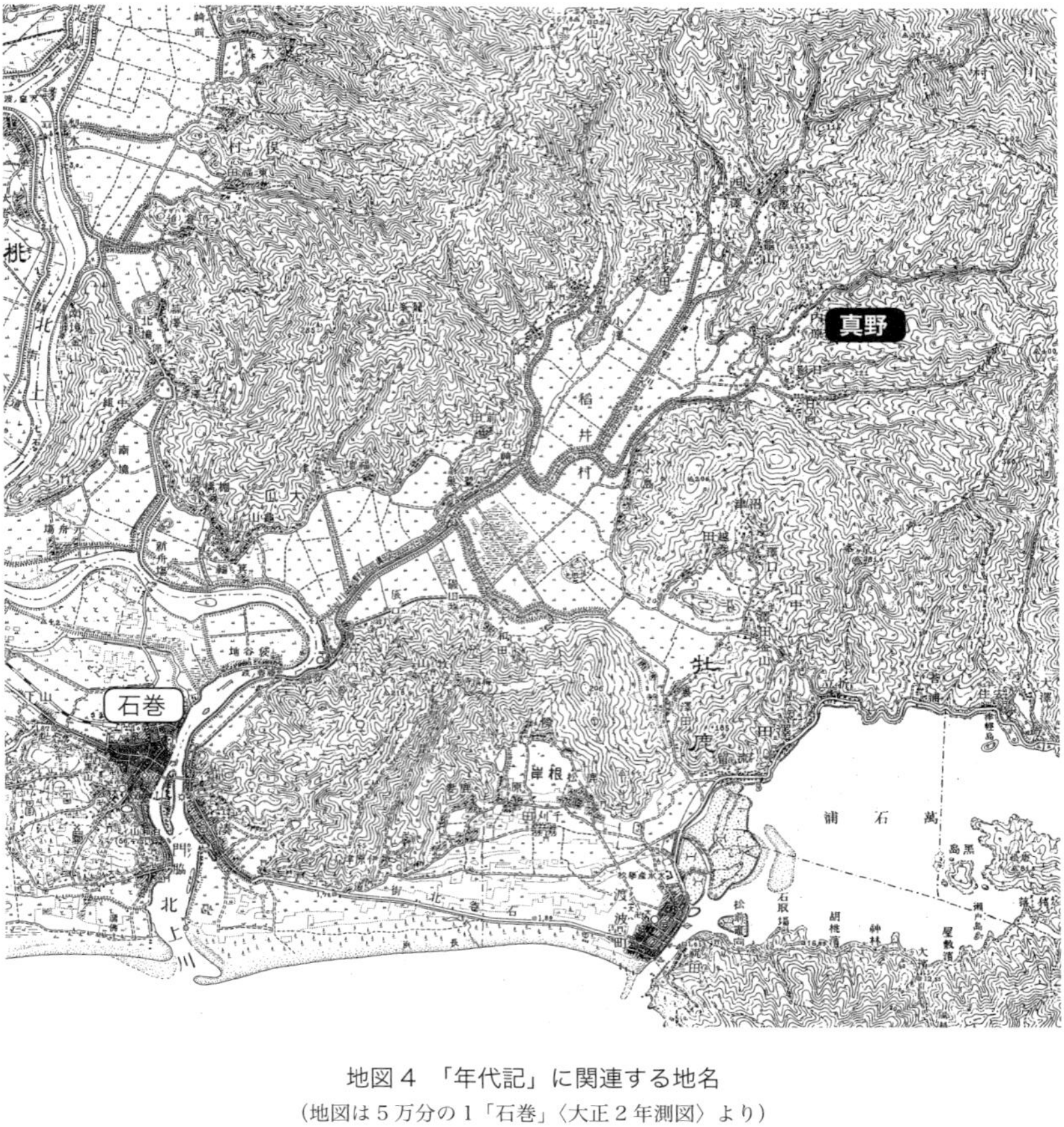

地図４　「年代記」に関連する地名
（地図は５万分の１「石巻」〈大正２年測図〉より）

んでもらおうとしたのです。

◈「もっとも大切なのは食糧である」

信春は、「御百姓は豊年であっても、焼畑などの山畑や、所持地の隅の空き地などに、蕎麦・稗《ひえ》などの雑穀を作付けして、収穫物は貯えておくこと。凶年で苦しいときには、金銭にばかり執着してはならない（もっとも大切なのは食糧である）」と述べています。平時における、凶作への備えの大切さを強調しているのです。

もっと具体的な非常食の製法も記されています。そのいくつかをあげてみましょう。

稗の実を採ってよく干し、俵やかますに入れて保存すること。もっとも、数百俵もあるときは、家の内庭や土間を深く掘り、俵のまま埋めて土を厚くかけ、その上を常に通って踏みつけていれば、数十年保存しても発芽して駄目になるようなこともなく、長く保存できてよい。地形上、水が湧き出るところは掘ってはいけない。富裕な者も、日頃から稗をつくって貯えておくのがよい。稗は、米の次に大切なものと思うべし。

切り干し大根は、二、三年の間、土用のころに日に干して、俵に入れ、風通しのよい所（いろりの上につるした棚など）に上げておくと、数十年も保存できる。いろりから出る煤《すす》が付いて黒ずんでしまったときには、ざるに入れて沢の流れに一晩か二晩漬けておけば、煤がとれてよろしい。

牛蒡《ごぼう》・人参・大根は、寒中に煮て凍らせると、数十年保存しても虫が付かない。

このように、「年代記」は天明の飢饉の記録であるとともに、未来に向けての教訓の書でもあったのです。

◈自治と民主主義を成熟させていった備荒貯蓄のとりくみ

天明の飢饉後には、百姓・領主の双方が、将来の飢饉への新たな対策を模索せざるを得ませんでした。そこで重視されたのが、社倉《しやそう》・義倉《ぎそう》などと呼ばれる備荒貯蓄です。すなわち、村の蔵に毎年米を積み立てて、飢饉の際にはその米を放出することで被害を緩和しようとしたのです。

幕府においては、寛政の改革を主導した老中松平定信《まつだいらさだのぶ》が、社倉・義倉政策を強力に推進し、各藩もそれにならいました。そこでの特徴は、百姓と領主がともに米を出し合って積み立てるケースが広くみられたということです。基本的には百姓が負担しつつも、領主も備蓄する米の一部を拠出し、また備蓄米の管理・出納に責任をもつことによって、領主も危機管理主体としての役割を果たしたのです。こうして、百姓と領主が協力しながら、災害に備える体制が整えられていきました。

ただし、百姓と領主がどのような割合で米を出すか、百姓内部で誰がどれくらい拠出するかをめぐっては、緊張関係・対抗関係が存在しました。領主が備蓄米を強制的に徴収すれば、それは年貢と変わりないものとなり、百姓たちには形を変えた年貢増徴だと受け取られる場合もありました。また、富裕な百姓がどれだけ多めに出すかも問題になりました。負担の累進性が問われたのです。さらに、飢饉の際、百姓の拠出した米を先に放出するか、領主のそれを先にするか、またどちらをどれだけ出すかということも重要な問題でした。

こうした問題が解決され、百姓たちが公平・妥当だと納得する方法が実施された場合には、社倉・義倉は飢饉対策として有効に機能しました。また、複数の村むらが共同で備荒貯蓄を行なう場合もありました。社倉・義倉には、村内の百姓同士、複数の村同士が相談・協力するなかで、下からの自治と民主主義を成熟させていくという効用もあったのです。

3　天保の飢饉

◆商品・貨幣経済の浸透した「凶年違作日記・附録」の世界

三番目に取り上げるのは、天保の飢饉です。天保の飢饉は、天明の飢饉と同様、冷害(夏の日照不足と低温)により、東北地方を中心に大きな被害をもたらしました。天保三～一〇年（一八三二～三九）くらいまで続き、天保四～五年（一八三三～三四）と天保七～八年（一八三六～三七）に飢饉のピークがありました。このとき、東北地方全体で一〇万人程度の死者が出たといわれています。

ここで、天保の飢饉の証言として取り上げるのは、「凶年違作日記《きょうねんいさくにっき》・附録《ふろく》」という史料です。これは、本体の部分（天保五年成立）と、その「附録」（天保九年成立）からなっています。

著者は、村上伝左衛門嗣季《でんざえもんつぐすえ》（一七九四〜一八五七）です。彼は、信濃国上伊那郡北大出村《しなののくにかみいなぐんきたおおいでむら》（現長野県上伊那郡辰野町）の百姓で、文政七〜九年（一八二四〜二六）と天保三〜五年（一八三二〜三四）の二度、北大出村の名主を務めています。また、天保七年十一月には、大融通世話役《おおゆうずうせわやく》（上伊那郷全体の飢饉対策を立案・実施する役職）に任じられました（この点は後述）。

この記録は、飢饉の被害がもっとも激しかった東北地方のものではありませんが、信濃国においても天保の飢饉で大きな被害が出たのでした。

北大出村は、西側の桑沢山と東側の天竜川に挟まれた村です。村高は五四三石余で、耕地は畑が中心でした。畑では、大麦・小麦・大豆・粟・稗・蕎麦・野菜類などを栽培していました。特産物としては、タバコがありました。

同村の領主は、高遠《たかとお》藩内藤氏でした。内藤氏は三万三〇〇〇石の譜代大名で、城は高遠

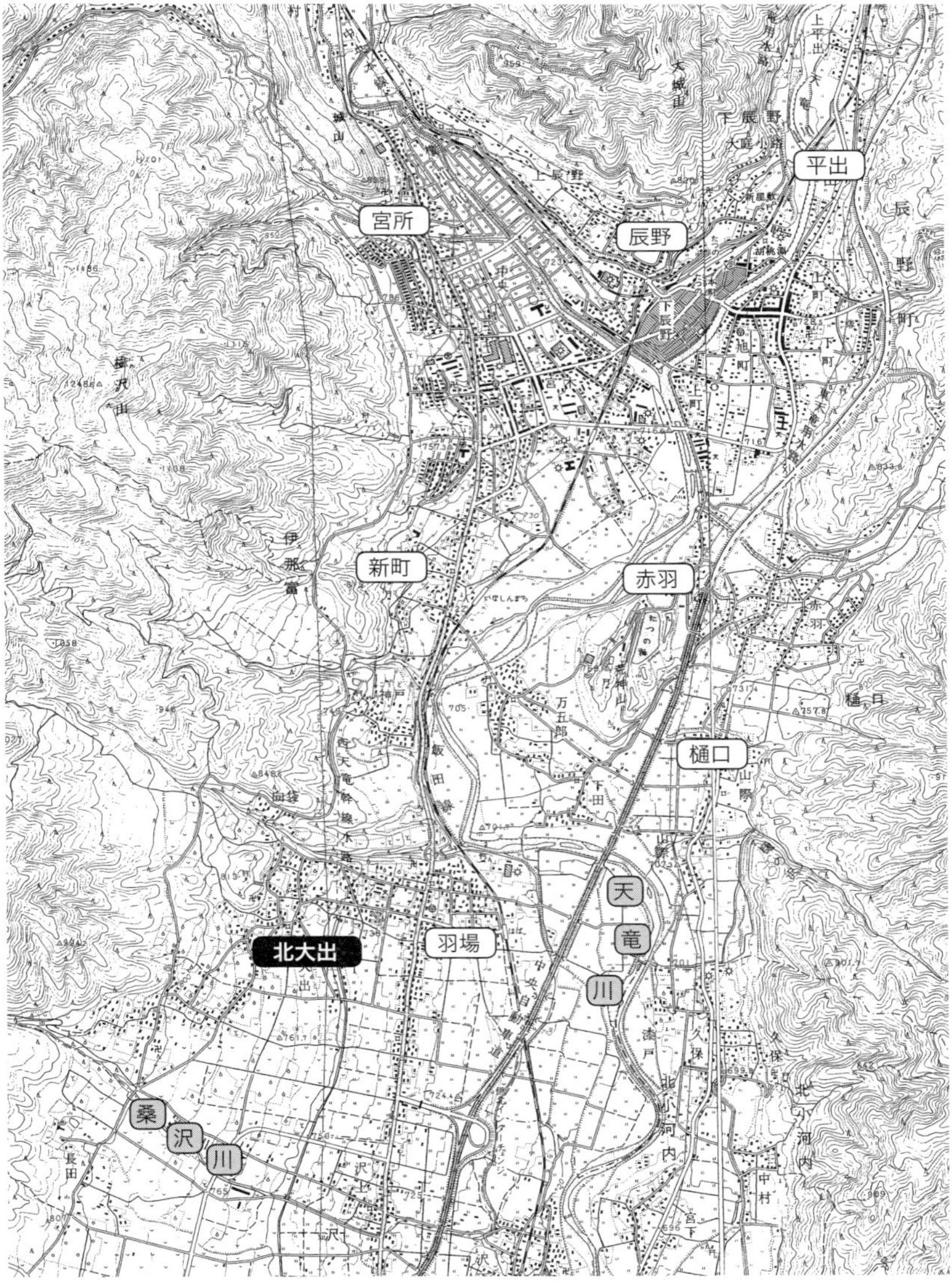

地図５　「凶年違作日記・附録」に関連する地名
（地図は２万 5000 分の１「宮木」〈昭和 51 年測図〉、「辰野」〈昭和 50 年測図〉より）

（現長野県上伊那郡高遠町）にありました。

北大出村では、年貢米の一部を高遠城下の問屋などに売って現金化し、それを藩に上納していました。ほかに、米で納めた年貢の一部を、あらためて藩から購入する買受米《かいうけまい》の制度がとられていました。また、畑の年貢は基本的に貨幣で納められていました。それゆえ、村人たちは、農作物の市場価格や年貢米の換金相場、買受米値段には重大な関心を払っていました。商品・貨幣経済の浸透のもとで、農業を営んでいたのです。こうしたところに、天保の飢饉が襲ったのでした。

◇「人間にとって最大の災難は飢饉」

「凶年違作日記」は、「そもそも、人間にとって最大の災難は飢饉である」という言葉から始まっています。嗣季は、続けていいます。

天明三年（一七八三）と天明六年の大飢饉以降は豊年が続いたため、人びとの生活は食物から衣類にいたるまでどんどんよくなり、贅沢の限りを尽くすようになった。老若男女ともに、何より恐ろしい飢饉の辛さを忘れ、無為に月日を送る者ばかりが増えてきた。

鳥獣でさえ、自分の食糧は蓄えている。ミサゴ（ワシタカ科の鳥。水中の魚を捕食する）やカワウソが魚を蓄えたり、蜂が蜜を集めたりするのは、雪や霜が降る冬に備えて、夏のうちから食物を準備しているのである。

万物の長たる人間にその心がけがないとすれば、それは鳥獣にも劣ると気づくべきである。飢饉の際に餓死しないよう対策を練っておくことこそ、もっとも重要である。朝夕の農作業の合間に、山野に自生し食用になる草木・木の実類を採集し、乾燥させ、蓄えておくことを忘れてはならない。

また、次のようにもいいます。

たとえ豊年であっても、五穀はもちろん、菜・大根などにいたるまで、けっして粗末にしてはいけない。これは、農家が第一に心掛けるべきことである。日頃からこのことを心がけて、食物を大切にしている人は、天道《てんどう》（天の道理）にかなって、凶作のときでもあまり困らずにすむものである。

このように、嗣季は、日頃からの備荒貯蓄の重要性をもっとも強調しているのです。

◈天保四年の飢饉——高騰する米・雑穀

天保四年六月になると、飢饉の気配が濃厚になってきました。高遠藩主はただならぬ事態だと判断し、六月二十五～二十七日に領内の神職を招集して、高遠の鉾持権現《ほこじごんげん》（高遠藩主が崇敬する大社）において、三日二晩を通して五穀成就《ごこくじょうじゅ》の祈祷を行なわせましたが、効果はありませんでした。

八月五日、藩は、領内の村むらから一村につき二人ずつを呼び出し、村人が食糧に困らないように気を配ることを命じました。まずは、村人同士の助け合いを求めたのです。この頃から、穀物相場が上昇していきました。

八月中旬になると、村役人が稲の作柄を調査し、藩の担当役所に実地検分を要請しました。当時、高遠藩の年貢は定額制（毎年の作柄に関係なく、一定量の年貢を納める制度）となっていましたが、村役人は藩の役人に実情を見てもらったうえで、減免措置を講じてもらおうとしたのです。藩は難色を示しましたが、村役人たちはぜひ実地検分してほしいと強く願い、ついに検分を実現しました。

八月二十日ころには、米・雑穀の値段が異常な高値となりました。さらに、九月七、八、十七日には大霜が降り、稲に大きな打撃を与えました。

村むらでは、今度は小作人が地主に納める小作米の減免が問題になりました。小作人と地主の間ではなかなか相談がまとまりませんでしたが、最終的に、上田《じょうでん》は契約小作料の三割引、中田《ちゅうでん》・下田《げでん》は四〜五割引くらいに決まりました。下々田《げげでん》にいたっては、六〜七割の減免になった所もありました(※)。なかには、地主七割、小作人三割の比率で、収穫米を分配した場合もありました。こうして、ようやく相談がまとまり、十月始めから稲の収穫に取りかかりました。しかし、予想以上に収穫量が少なく、地主も小作人も難儀至極のありさまでした。

十一月には、藩は「夫食融通勧諭方《ふじきゆうずうかんゆかた》」という飢饉対策担当の役職を新設し、年貢を減免したり、困窮者に御救い米を下付するなどの対策をとりました。けれども、例年の一、二割の収穫しかなかったため、百姓の難儀は言いようもありませんでした。村人たちの現金収入源だったタバコの値段が下落したことも、村人の経営に打撃を与えました。

それでも、翌天保五年は稲が豊作になり、村人たちもひとまず安堵しました。

※江戸時代の田畑には、領主による土地調査である検地《けんち》によって等級が付けられた。田は、品等の高いものから、上田・中田・下田・下々田、畑は同じく、上畑《じょうばた》・中畑《ちゅうばた》・下畑《げばた》・下々畑《げげばた》とされた。

◈凶作の予知を目指す

「凶年違作日記」は、以下の文章で結ばれています。

天保四年四月十一~十三日には、日の出から午前九時ころまで、太陽が紅のように赤い色をしていた。また、同月には京都で大地震が起こり、震動が一〇日以上も続いた。さらに、七月には、空からおびただしい量の白い毛(正体不明)が降ってきた。これらはすべて飢饉の前兆だったのだろう。

天は人を戒めようと飢饉を起こすが、その場合でも憐れみ深く、このようにいろいろの前兆を示してくださる。けれど、悲しいかな、凡人にはそれがわからず、あれこれと不確実な噂を語り合うだけだった。

そして、秋になって、突然、凶作が訪れたように思って、うろたえ騒いだが、まことに愚かなことである。後世の人は、日頃からよく心がけて、飢饉の難を免れる準備をしておくことが肝要である。


ここでは、天の示す災害の予兆を感知することの重要性が説かれています。

また、「大麦が生長するとき、葉が右に巻けばその麦は不作になり、左に巻けば豊作になる。これは、農業にいそしむ老農が繰り返し試みて得られた結論である」とも述べられています。これは、植物の生長観察にもとづく作柄の予測法です。

さらに、次のようにもいいます。

十干《じゅっかん》のうち、丙《ひのえ》・丁《ひのと》・壬《みずのえ》・癸《みずのと》の年は、特に注意が必要である。十干と十二支《じゅうにし》がうまく組み合わされば、豊作になることが多いという。逆に、組み合わせが悪いときは危ない。壬辰《みずのえたつ》・癸巳《みずのとみ》の年は雨が多く、丙午《ひのえうま》・丁未《ひのとひつじ》の年は旱魃になりやすい。これらのことを心得て、十分注意しなければならない。

ここでは、十干・十二支にもとづく凶作の予知について述べられています。確かに、凶作が予知できれば、飢饉の被害は軽減できます。そこで、嗣季は、いろいろなやり方で、何とか凶作を事前に知ろうと努めているのです。

◈災害を想定して生活を送る

先に引用したなかに、「天は人を戒めようと飢饉を起こす」という言葉がありました。これに関連して、次のようにもいわれています。

三〇年か五〇年に一度は、天が人の奢りを戒めるために、必ず天災としての凶作年を起こすということである。天明三年の飢饉からだいぶ年数が経ってしまったが、当時の飢饉を体験した老人が少しは生きていて、体験談を語ってくれる。しかし、聞くほうは、単なる昔話のように受けとめて、非現実的な話だと思うだけで、心に留めることはなかった。そうしたときに、天保四年の事態が起こったのである。

嗣季は、飢饉は贅沢な生活をきわめている人びとに対する、天の戒めだととらえているのです。また、災害体験の風化にも警鐘を鳴らしています。そして、災害の記憶を忘れず、常に災害を想定して、質素な生活を送るべきだと主張しているのです。けれども、実際に飢饉がおこってしまったならば、何としても生き延びなければなりません。そこで、「凶年違作日記」には、藁や松の皮を食べる方法なども記されています。嗣季は、東北地方に行ってきた薬売りから、同地の惨状についての情報を得ています。また、「凶年違作日記」には、宮崎安貞《みやざきやすさだ》著「農業全書」（元禄十年（一六九七）刊）と同様の記述が各所にみられます。「農業全書」は、江戸時代におけるもっとも体系的な農書の一つで、五穀など一五〇種ほどの作物の特性や生育法が記されており、後世に多大な影響を与えました。嗣季も、「凶年違作日記」の執筆にあたって、「農業全書」を参照しているのです。

このように、嗣季は、広範囲にわたって情報収集に努めるとともに、書物から得た知識も動員することによって、「凶年違作日記」の内容を豊かにしていったのです。

◈「百姓は国の元」

飢饉の経験は、嗣季に食糧と、それを生産する農業の大切さを再認識させました。

金銀財宝が蔵に充満していても、食物がなければどうして生きていけようか。農民は、ふだんから農作業を怠ってはならない。農業は、人を養う根本である。

世の中で宝とすべきものは、間違いなく五穀であり、次に金銭である。どんなに豊年が続いても、穀物の大切さを忘れてはならない。

いかなる名将・勇士が名城に立てこもろうとも、兵糧《ひょうろう》がなくては持ちこたえることはできない。人間にとって、第一の宝物は食糧なのである。国家が乱れるか治まるかも、みな穀物の有無にかかっている。だからこそ、「百姓は国の元」なのである。

このように、嗣季は、繰り返し農業の重要性を強調しています。そして、そこから「百姓は国の元」なのだという、百姓としての強い自負が生まれているのです。嗣季は、さらに次のようにいいます。

農業の道は大切であり、けっして疎《おろそ》かにしてはならない。日頃から質素倹約に努めて農作業に精を出し、朝夕の食事には雑穀や野菜を食べ、忠孝・慈愛の道を忘れず、家族で仲よく暮らす人は、凶作の年でも必ず豊年同様に過ごせるものである。

逆に、普段から身の程をわきまえずに贅沢三昧《ぜいたくざんまい》の暮らしを送り、衣類・食糧ともにひたすら良いものを求め続け、華美なものや洗練され凝ったものを好む人は、世の中が大豊年でも、その人だけは凶作年同様の状態となってしまう。金銀・米穀が不足して、あちこちから借用する羽目になり、たいへんな苦労をすることになる。自分の心がけが悪いために、毎日が大凶作の年同様になってしまうのである。

豊年・凶年は、自分自身の心掛けによるところが大きいのではなかろうか。

ここでは、日々質素倹約に努め、勤勉に農作業に励み、道徳的な生活を送ることの重要性が述べられています。そうした生活があってはじめて、備荒貯蓄も可能となり、飢饉を乗り切ることができるからです。そして、その反対に、分不相応な生活を送っている者は、世の中が豊年でも、自分だけは凶作年同様の悲惨な暮らしに陥ってしまうと警告されています。

飢饉を天の戒めとみた嗣季は、さらに進んで、人びとに天の道にかなった暮らしを説き、そうすれば飢饉も恐れることはないと主張します。自助努力の重要性の強調です。百姓としての自負を胸に、日々正しい生活を送ることで、主体的に飢饉を克服する道を示しているのです。

◆天保六〜八年の飢饉――大塩の乱を引きおこす

「凶年違作日記」の「附録」には、天保六〜八年の飢饉について記されています。特に天保七年は天保四年以上の凶作となり、高遠藩領では若干の餓死者も出ています。

天保六年は、春になってもコブシの花が一つも咲かず、世間の人びとは不思議なことだと言い合っていた。コブシの花が咲かないのは凶作の前兆だというのは、本当のようだ。これからも、コブシの花が咲かないときは用心すべきである。
草木も生きているものなので、その予知能力には恐るべきものがある。天保八年はコブシの花がみごとに咲いたので、豊年だろうと話し合っていたが、実際に天保八年は稲が豊作となった。

ここでも、自然界の異変を敏感に察知して、凶作に備えるべきことが説かれています。
天保七年は、五月（四月とも書かれている）から九月（八月とも）までの一日《ついたち》の十干

絵図5　天保の飢饉で飢えた人を救済する
（渡辺華山筆『荒歳流民救恤図』〈国立国会図書館所蔵〉より）

が、いずれも壬《みずのえ》か癸《みずのと》だった。世間では、これは「五水《ごすい》」といって、雨が降り続き、大飢饉になるしるしだと語り合い、皆が気がかりに思っていた。しかし、凶作のあとだから、当分は凶作はないだろうと油断してもいた。

ところが、実際、大凶作になってしまった。これから先も、各月の一日に壬や癸が続くときは注意が必要である。反対に、月初めに丙《ひのえ》や丁《ひのと》がいく月も続くときは、大旱魃になると思ったほうがいいだろう。これらは、農家の第一番の留意事項である。

天保七年の場合も、心がけのよい者は、あらかじめ穀物を買い入れておき、大きな金儲けをしている。後年の心得のために、ここに記しておく。

こちらは、十干・十二支にもとづく災害予知の勧めです。五カ月続けて月初めの一日が壬や癸という「水」を表わす日になると(「五水」)、雨が続いて飢饉になり、反対に、一日に丙や丁という「火」を表わす日が続くと日照りになるというのです。

また、飢饉に備えて穀物を買い入れておいた者は、飢饉時の価格高騰によって大儲けしたとあり、備荒貯蓄を利用しての利潤獲得は肯定されています。

「附録」には、天保七年から八年にかけての穀物相場の記載が頻繁に出てきます。飢饉時の穀物相場は皆の重大関心事でした。価格高騰によって食糧が買えずに飢える者がいる一方で、儲ける者もいたのです。藩領外から米穀の仲買人がやって来て、穀物を大量に買い込んでいったために、穀物相場が高騰したことも記されています。

「附録」には、天保七、八年に甲斐国《かいのくに》（現山梨県）や三河国《みかわのくに》（現愛知県）などでおこった百姓一揆や、天保八年に大坂でおこった大塩平八郎《おおしおへいはちろう》の乱（大坂町奉行所の元与力《もとよりき》だった大塩平八郎が、飢饉で困窮した民衆の救済を掲げて起こした武力蜂起。一日で鎮圧されたが、全国に衝撃を与えました）についても記されています。天保四年のときと同様、広域にわたる情報収集がなされているのです。

◈小作料の減免をめぐる攻防

天保四年のときもそうでしたが、凶作時には、小作料の減免をめぐって、地主と小作人の間で緊張が高まりました。

天保六年にも、小作料の減免について、地主と小作人の相談がまとまらないことがありました。北大出村では、小作人たちが、減免率を村で統一的に決めてくれるように、村役人に願い出ました。そこで、村役人は、上田は契約小作料の一割引、中田は一割五分引、下田は二割引と決定しました。小作人たちは天保四年の凶作に懲りていたので、小作人の中には、さらに地主と直接交渉して、二割五分から三割五分くらいの減免を獲得した者もいました。減免率は多様だったのです。

そして、実際に稲を刈り取ってみると、当初の予想よりも収量が多く、平年の六～八割くらいの収穫があったので、大百姓も小百姓も安心しました。小作人も、地主からずいぶん減免してもらったので、豊年のように喜んでいたということです。

このように、地主と小作人の個別交渉では決着しない場合には、村役人が間に入って、村として統一的な減免基準を定めたのです。村役人は、交渉を当事者任せにせず、村内の対立を避けるために尽力したのです。そして、この減免基準を最低ラインとして、中にはさらなる個別交渉によって、減免の上積みを獲得した小作人もいました。村ぐるみでの妥協点づくりの努力により、地主も小作人も納得のいく解決ができたのです。

天保七年にも、凶作が続くもとで同様の問題が起こりました。同年九月に藩役人による稲の作柄検分が済んだあと、村では、地主と小作人の間で小作料減免についての相談が始まりました。しかし、相談がまとまらなかったので、地主と小作人の双方から村役人に調停を願い出ました。そこで、村役人は、上田は契約小作料の一割五分引、中田は二割五分引、下田は三割五分引とし、そのほか特に出来の悪い田については地主と小作人が直接交渉して決めるようにと申し渡しました。

天保七年は非常な凶作が予想されたため、村役人が示した減免率を最低基準ラインとして、小作人たちはさらに地主と直接交渉を重ねました。そして、上田は三割、中田・下田は四～九割くらいの減免を獲得しました。

実際には、田の七、八割については、地主が収穫の三分の二、小作人が三分の一を取るという刈り分けの方法で稲を分配しました。そして、地主は、自己の取り分の中から、藩に年貢を納めたのです。収穫米は、予想以上の少なさでした。

畑については、藩から年貢の減免が認められなかったため、小作料のうち年貢相当分については減免はなく、それ以外の地主の取り分については一割引となりました。

このように、小作料の減免については、村による一律の減免と、地主・小作人間の個別交渉による減免が併用されています。そして、減免をめぐっては、藩対全百姓と地主対小作人という二重の緊張関係が存在しました。地主は、小作料のなかから年貢を納めるため、小作料の減免と年貢の減免は連動していたのです。年貢が減免されないのに小作料を減免するとなると、地主は自らの取り分が減ってしまうために難色を示しました。地主と小作人（小作人の多くは自作地ももっており、そこからは年貢を納めていました）は、藩に年貢減免を求めるという点では一致協力しましたが、小作料の減免をめぐってはつばぜり合いを演じたのです。

◈救済策をめぐる藩と村とのせめぎ合い

次に、高遠藩による救済策について見てみましょう。

天保七年十一月には、藩から年貢減免の通知があり、また食糧用に玄米が無利息で貸与されました。この玄米は、三分の一を人数割り、三分の一を戸数割り、三分の一を高割り（各家の所持地の石高に応じた分配）という三種類の方法を併用して、各家に分配しました。この分配方法は、北大出村で決めたものでした。村で独自に判断して、分配に不公平がないようにしたのです。

また、藩では、持高《もちだか》（所持地の石高）が一石以下の者と高を持たない者（水呑《みずのみ》）を書き出させて、それらの者に対しては、別途一戸につき米一斗ずつを与えました。ほかに、藩の役人が村むらを廻った際に、個別に願い出た困窮者に対して、玄米が与えられました。

さらに、藩は、一村に二人ずつの「夫喰融通世話役《ふじきゆうずうせわやく》」と、一郷《ごう》に四人ずつの「大融通世話役《おおゆうずうせわやく》」を任命しました。「郷」とは、高遠藩の行政区画のことで、藩領内には七つの郷がありました。北大出村が属する上伊那郷《かみいなごう》では、「凶年違作日記・附録」の著者村上伝左衛門嗣季ら五人が大融通世話役になりました（定員より一名多くなっています）。

「夫喰融通世話役」と「大融通世話役」は、いずれも百姓の中から選ばれ、担当の村や郷において飢えに苦しむ者が出ないよう、食糧の融通に気を配るのが職務でした。なお、高遠藩は、天保四年の飢饉時に「夫食融通勧諭方《ふじきゆうずうかんゆかた》」という役職を新設して飢饉対策に当たらせましたが、天保七年にも「夫食融通勧諭方」をはじめ、藩の役人たちが頻繁に村むらを廻っています。

北大出村では、畑作物にかかる年貢の減免を何度か藩に願い出ましたが、藩では畑作物については減免の前例なしということで、願いを却下しました。村からは、享保（一七一六～三六）・延享年間（一七四四～四八）に減免の先例があることを申し上げましたが、認められませんでした。

ただし、担当役人からは、内々に、「天保八年の新春になったら、米の拝借を願い出なさい。そのときは、願いがかなうよう、できるだけ自分からも口添えしよう」と言われました。そこで、年内は、さらなる願書の提出を見合わせました。領内では餓死する者も出ましたが、大方の者は何とか冬を凌《しの》ぐことができました。

天保八年二月には、北大出村で中以上の百姓が金を出し合い、それを非常に困窮している者たちに、食糧の稗《ひえ》の購入代金として配りました。

このように、藩では、担当役人を頻繁に村むらに派遣して実情を把握させるとともに、食糧を支給または貸与して救済にあたりました。田については、年貢を減免しました。しかし、畑については減免を認めませんでした。北大出村では、先例があることを根拠に繰り返し減免を要求しましたが、駄目でした。領主と村の間では、ギリギリのせめぎ合いが続いたのです。そのなかで、藩の担当役人は、村の窮状をよくわかっていることもあって、内々に村にアドバイスを与え、要求実現への力添えも約束しています。そして、村の中での助け合いもあって、北大出村では何とか飢饉を切り抜けることができたのです。

◆「凶作の年は必ずやって来る」

「附録」は、次の文章で締めくくられています。

現在、太平の世に生きているわれわれは、国恩のありがたさを忘れず、家業を第一に努め、新春から倹約を旨として、朝夕雑穀の飯を食べるようにしなければならない。ただし、倹約をするからといって、良識を失い、貪欲・邪欲をほしいままにするようなことがあってはならない。常に正直を心掛け、目上の人を敬い、親に孝行を尽くし、親類・朋友と仲よくし、自分より貧しい者には慈悲を施し、自分にとってよいことは人に譲り、間違っても人の悪事を非難してはいけない。五常《ごじょう》の道（儒教で定める、仁・義・礼・智・信の五つの道徳）を忘れず、家族が和合して朝夕家業を大切に努め、耕作に励むことが肝要である。「明日の計略は今日にあり」と言うように、朝夕油断なく先のことを考えて農作業にあたらなければならない。

我が子を育てるように作物を大切にし、油断なく手入れをすれば、自然と作物もよく育ち、仏神のお恵みによってたくさんの穀物が収穫できるものである。そうすれば、少しくらいの凶作は、たやすく凌げるだろう。

家計が豊かで、食糧も豊富にあるときは、自然と家の中が治まるものだ。家いえで、家人の心がけがよく、家内が仲睦まじく治まっていれば、一村も平穏に治まる。一村が平穏に治まれば、必ず国家も安泰となる。よって、国家安泰の根本となる農民の家に生まれた者は、けっして家業を疎かにしてはならないのである。

凶作の年は必ずやって来る。思慮のない人びとは、豊年が五年か七年続くと、すぐに凶作の苦しみを忘れ、万事贅沢に走ってしまう。そして、芝居（歌舞伎）・狂言などの芸能興行を開催したり、男女ともに衣類や装身具に贅沢な素材をやたらと用いるなど、万事よりよいものをひたすら追い求めるようになる。

このように、身の程をわきまえずに贅沢にふけり、家業を怠るときには、必ず凶作となり、天道のお叱りを被ることになる。日頃の心がけがよい者はお叱りが少なく、心がけの悪い者は多くのお叱りを受けるものだと心得て、万端心掛けておくことが肝要である。

そして、嗣季は、このたびの飢饉の惨状を後世に伝えるために「凶年違作日記・附録」を執筆したと述べています。

嗣季は、領主のおかげで平和を享受していることを忘れず、倹約に努め、道徳的生活を送るべきことを強調しています。ただし、利欲のための倹約は否定されています。あくまで他者に配慮した自己規律であるべきであり、それが天道にかなうことだというのです。彼は儒教・仏教・神道をともに尊重し、農作業の計画性を重視しています。百姓生活の安定こそが、国家安泰の不可欠の基礎となるのです。

嗣季は、当時の奢侈に流れる風潮を批判し、凶作は「天道のお叱り」だといいます。「凶作の年は必ずやって来る」のであり、普段からの備えが大切になります。彼は、飢饉のときに苦しむのは、贅沢な暮らしを送って備えを怠った者の自己責任だという厳しい言い方をすることによって、後世への明確なメッセージを発信しているのです。

第4章　噴火
――「浅間大変覚書」を読む

1　各地の被害

◆天明三年の浅間山噴火――社会の矛盾が鋭く表面化した時代

本章では、天明三年（一七八三）におこった浅間山大噴火を取り上げて、記録された被害の状況と人びとの復興への努力について述べていきます。

この噴火は、四月九日（新暦五月九日、以下もカッコ内は新暦）に始まり、六月中旬まで時折小規模の噴火があったあと、六月下旬から噴火の頻度が増しました。七月五日からは激しい噴火と火砕流が繰り返し発生し、七月七日（八月四日）夜から翌朝にかけて噴火の最盛期を迎えました。成層圏（上空約五〇キロメートルを上限とする大気圏）まで上昇した噴煙は偏西風（大気圏の上層を一年中吹いている西風）に乗って東南東方向に流され、風下では軽石や火山灰が激しく降りました。

七月八日（八月五日）午前一〇時ころ、鎌原《かんばら》火砕流《かさいりゅう》／岩屑《がんせつ》なだれ（火砕流〈高温の火山灰・軽石などが一団となって高速で流下する現象〉と岩屑なだれ〈山体が削られて生じる岩なだれ〉の双方の性質を併せ持った流下物、以下「火砕流」と記す）が発生して北麓に流下し、鎌原村（後述）を壊滅させたあと、吾妻川《あがつまがわ》に流入して「天明泥流」となりました。泥流はさらに、吾妻川との合流点で利根川《とねがわ》に流れ込み、流域に大きな被害をもたらしました。

浅間山噴火が起こった天明三年（一七八三）とは、いかなる年だったでしょうか。当時は、江戸時代も半ばを過ぎたあたりで、時の将軍は一〇代徳川家治《いえはる》、そのもとで幕政の実権を握っていたのは老中田沼意次《たぬまおきつぐ》でした（田沼時代）。

彼は、当時、全国的にさかんになりつつあった民間の経済活動の成果を吸収して、行き詰まった幕府財政の再建を果たそうと、さまざまな新施策を打ち出していました。都市や農村の商人や手工業者に株仲間《かぶなかま》という同業者団体をつくらせ、彼らに営業の独占を認める代わりに、運上《うんじょう》・冥加《みょうが》などとよばれる営業税を徴収しました。また、江戸や大坂の商人の力を借りて、印旛沼《いんばぬま》・手賀沼《てがぬま》（いずれも現千葉県）の大規模干拓工事を進めましたが、完成にはいたりませんでした。

民間では、商品生産が活発に行なわれるようになり、商品・貨幣経済が発展しました。農業生産力も向上し、各地に特産物が生まれました。こうして民間社会は全体としては活性化しましたが、なかには商品経済発展の波にうまく乗ることができずに、かえって困窮する者も少なくありませんでした。

それに、幕府・諸藩の民富吸収策（新税・増税）や天候不順による飢饉（天明の大飢饉）も重なって、各地で百姓一揆がさかんにおこったのもこの時代です。田沼時代は、社会の矛盾が鋭く表面化した、江戸時代のターニングポイントでもあったのです。こうした時代に、浅間山噴火はおこりました。

◈上野国高崎周辺の様子――降り続く灰や砂

浅間山の噴火は、各地に大きな被害をもたらし、多くの人びとが噴火の状況を記録に書き残しました。そうした各地の人びとの噴火体験をいくつかご紹介しましょう。

まず、上野国高崎《こうづけのくにたかさき》(現群馬県高崎市)の女流俳人羽鳥一紅《はとりいっこう》の著した「文月浅間記《ふづきあさまき》」から、浅間山から東に四五キロメートルほど離れた高崎周辺の状況を見てみます。

天明三年六月二十九日(七月二十八日)に灰が降り、草木の葉に霜が降りたようであった。たまにあることなので、このときはまだ驚く人もいなかった。七月二日(七月三十日)にまた灰が降り、今回は薄雪か、冴えわたる月夜のようであった。依然、人びとはたいして気にもとめなかった。七月五日(八月二日)の正午過ぎからまた山が鳴り出して、板戸や襖に響いたが、たいしたことはなかった。

七月六日(八月三日)の朝、起きだしてみると、灰が積もって垣根が白くなり、草木はみな花が咲いたようで、雪の朝を思わせる眺めであった。日中は晴れて暑くなったが、

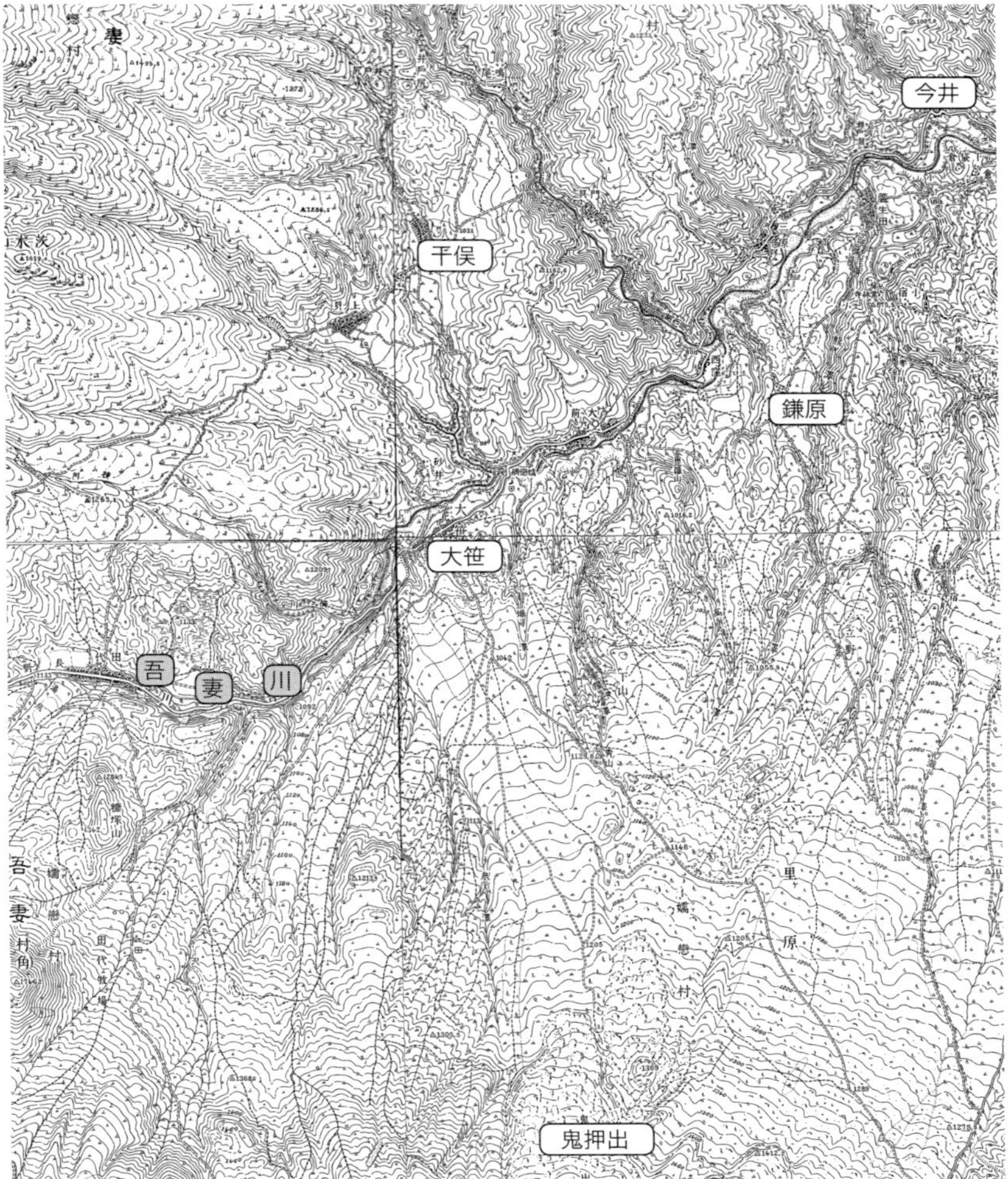

地図6　「天明3年の浅間山噴火」に関連する地名
（地図は5万分の1「草津」「須坂」「上田」「軽井沢」〈大正元年測図〉より）

午後三時過ぎからこれまでになく激しく鳴り出した。西北西から東北東へたなびく黒雲がしだいに広がって、たそがれ過ぎからあたかも夕立のようにサラサラと大量の砂が降り出した。暗い空から稲妻がひらめきわたり、雷鳴がとどろき、浅間山から燃え上がる炎は花火のようであった。一晩中、雷と降砂は止まなかった。

七月七日（八月四日）の朝には、昨夜来降った粗い白砂が高く積もって、板屋根に置いた石が隠れるほどであった。往来の砂をかき集めると、あちこちに砂の山ができたが、これほどの降砂は聞いたことがなかった。

午後一時ころ、空が真っ暗になり、稲妻がひらめき雷鳴がとどろきわたった。浅間山はますます鳴動し、板戸・襖《ふすま》ははずれんばかりに震動して激しい音を立てた。ときどき何とも言えぬなまぐさい臭いがした。真っ暗なので人びとは灯火をつけ、道行く人は松《たい》明《まつ》をともしていた。

雷鳴がやや遠ざかったかとみると、南側の障子に映った空の色が紅のようであった。そのうち赤い色は少しずつさめて、ようやく人の顔が白じらと見えるようになった。夜が明けたのかと思うと、まだ午後五時だった。空は薄く黄色がかって雪の降るような色であり、雷鳴は絶え間なくとどろいたが、雨は一滴も降らなかった。ただ砂が大量に降り、かぶった笠に当たる音は雹《ひょう》のようであった。中には、これまでより大きな粒も交じっていた。七日の夜は、雷が鳴り響き、降砂の勢いもいっそう荒々しくなった。

七月八日（八月五日）の朝見ると、砂が高く積もったために、板庇《いたびさし》が撓《たわ》んで落下したり、柱が折れたり、壁が剥がれて傾いたりした家もあった。砂の重みで家が倒壊し、梁の下からかろうじて這い出す者もいた。これは大変と人びとは、稲光にもめげずに屋根に上がって積もった砂を掻き落としたが、黒煙があがってものすごかった。

そうこうするうちに泥が降り出したが、しばらくして止んだ。屋根から落とした砂は軒端《のきば》と同じほどの高さになり、どこへも持っていきようがないので、そのまま道路に敷き均したため、家の中からは道行く人の足元を見上げるようなかっこうになった。

七月九日（八月六日）になり、空はおぼろにかすんで、雲もないが太陽も見えなかった。屋根の砂を掻き落としたりしているうちに、約一二〜一五センチメートルから長いものは約三〇センチメートルを超える、白くてつやのある毛が降ってきた。

最後にある「白くてつやのある毛」とは、マグマが引き延ばされた状態で急速に冷却されたため、繊維状のガラスになったものです。

◈信濃国軽井沢宿の様子――大石が燃えながら飛ぶ

現在は避暑地として賑わう信濃国軽井沢《しなののくにかるいざわ》（現長野県軽井沢町）は、江戸時代には中山道《なかせんどう》の宿場で、戸数は一八六戸ありました。

浅間山の南東約一〇キロメートルにある同宿では、六月二十九日から震動のため家鳴りが激しく、宿の百姓たちはおいおい避難を始めました。七月には、石・砂が四〇～五〇センチメートルの厚さに積もりました。

七月七日の夜には、激しい震動のため戸のはめがはずれるほどでした。約三〇センチメートル四方もある大石が燃えながら飛んできて、民家の屋根に燃えつき一面の火災となりました。石に潰された家も多くありました。

八日には、泥状のものが雨のように降り、そのため積もった石・砂が固まってしまい除去が困難になってしまいました。宿の人びとは、七日から八日にかけての夜に、戸・桶・

夜具などを頭にかぶって落下する石を避けながら、約二四〜二八キロメートルも離れた他村へと避難しました。その際、一人が降下する石に当たって即死しました。

軽井沢宿では、倒壊家屋七〇戸、焼失家屋五一戸、大破六五戸という大きな被害を受けました。全戸が何らかの被害を受けたのです。

七月にはいって、連日、石や砂が降っていましたが、住民たちは、七月七、八日の大噴火まで、一部の者を除いて、避難することなく当地にとどまっていたのです。天明三年のような大噴火は当時の人びとの記憶の中にはなかったため、危険を予知できなかったのです。ここからも、過去の災害の歴史を正確に解明し、防災マップの作成・活用など適切な対策をあらかじめとることの重要性が浮き彫りになります。

◈江戸の様子――江戸川を流れる人・牛馬の死骸

浅間山から一〇〇キロメートル以上離れた江戸でも、噴火は他人事ではありませんでした。当時の記録には、次のようにあります。

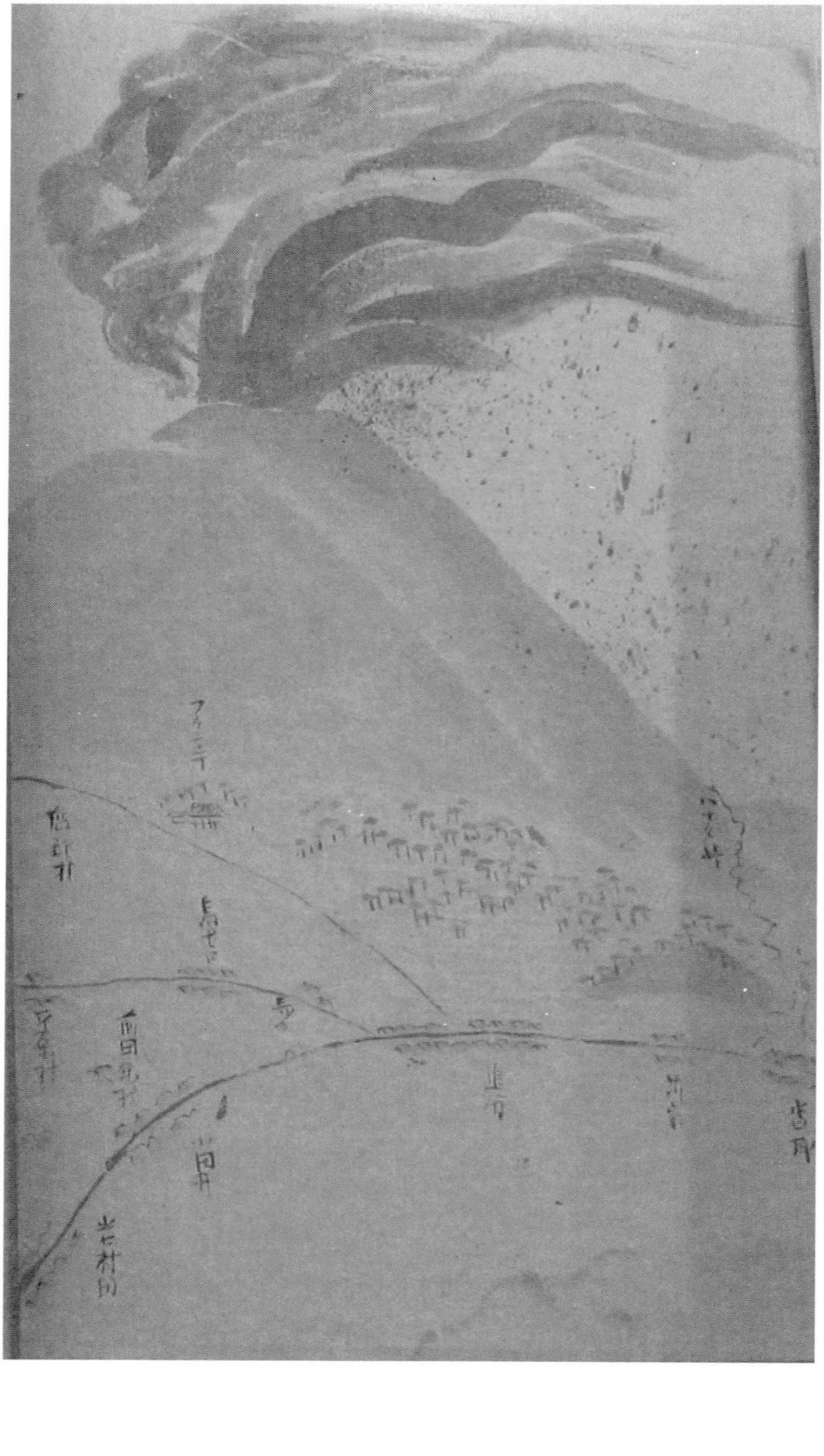

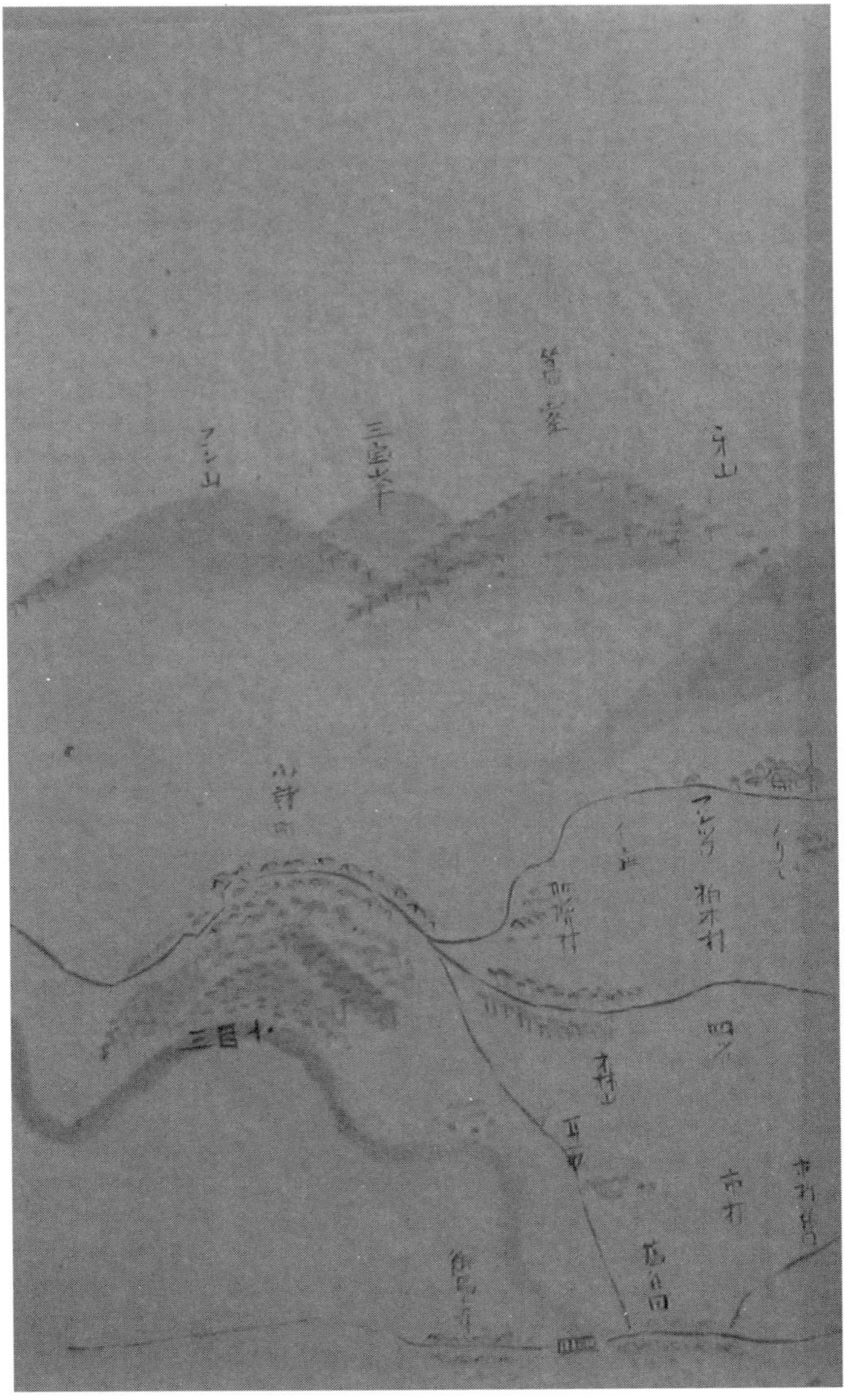

絵図6　天明3年の浅間山大噴火
（小諸側から見たもの、「信州浅間山天明三癸卯年大焼図」『諸国地震記』〈国立公文書館所蔵〉より）

七月六日の暮れから、戸・障子・建具などが何となくビリビリと地鳴り震動した。七日は午前一〇時ころまで、空が霞がかかったように一円に曇り、昼ごろからチラチラと風に乗って灰が降った。暮れごろからしだいに鳴り響きが強くなり、灰・砂の降り方も激しくなった。夜中には遠雷のような音がして激しく震動し、灰・砂も雨のように降った。

八日朝には、空が土色になり、午前一〇時ころになっても明け方のように薄暗いままだった。少し雨が降り、正午ころからしだいに晴れてきたが、砂は少しずつ降り続いた。午後二時過ぎからまた地鳴りと震動が起こり、夜まで続いた。約六〜三〇センチメートルくらいの白い馬の毛のようなものが降り、中には赤いものも交じっていた。九日の午後一〇時過ぎから雨になり、灰や砂の降下はようやくおさまった。

武蔵国金町村《むさしのくにかなまちむら》（現東京都葛飾区金町）の名主は次のように注進しました。

七月九日午後二時ころから江戸川の水が泥で濁り、根をつけたままで折れた木や、粉々になった家財道具・材木などが川一面に流れてきました。なかには、損壊した人や牛馬の死骸もたくさん交じっていました。午後八時過ぎから流下物はしだいに減っていきました。

2　「浅間大変覚書」を読む

本節では、天明四年三月に書かれた「浅間大変覚書《あさまたいへんおぼえがき》」によって、浅間山麓のもっとも被害が激しかった地域の状況を見てみましょう。「浅間大変覚書」の著者は不明ですが、浅間山北麓のどこかの村にあった寺の僧侶が執筆したものと思われます。

七月八日の大噴火については、次のように記されています。

この日はとてもよい天気だったため、人びとは泥流が押し寄せるなどとは少しも思わず、焼け石の降下のみを警戒して、おのおの道具類を土蔵にしまったり、蔵の中で昼寝をしたりしていた。このように油断していた真っ最中に、予想外の泥流にたった一押しに押し流されたため、どれだけの人馬が被害にあったかわからない。

大噴火のときは、山麓がしきりに「ヒッシリヒッシリ」と鳴動したが、さらに「ワチワチ」というが早いか、黒煙が一気に鎌原村のほうへ押し寄せた。このときは、あちこちの谷や川で一面に黒煙が立ちのぼったため、状況がよくつかめなかった。

上手《かみて》は大笹《おおざさ》村の大堀という所から、下手《しもて》は小宿川《こやどがわ》（小宿村〈現群馬県吾妻郡長野原町〉の西方を流れる川）まで、幅二、三里（八～一二キロメートル）にわたって一面に泥流が押し寄せた。その後一〇〇日ほどは、その跡から煙が立ちのぼっており、天明四年になって煙はようやくおさまった。


山麓の人びとは、空から降ってくる焼け石のみを警戒しており、火砕流や泥流の発生などまったく予想していませんでした。そのため、土蔵の中なら大丈夫だろうと思っていたところを、突然、火砕流や泥流に襲われて多数の犠牲者を出したのです。

「ヒッシリヒッシリ」「ワチワチ」といった擬音語は、実際に聞いた者ならではのリアルさです。

◈押し寄せる泥流と飛び交う虚説

鎌原村を襲った火砕流は、吾妻川に流れ込み、川の水と一緒になって泥流となり、下流に押し寄せました。泥流について、「浅間大変覚書」には次のように記されています。

泥流が押し寄せた際には、牛のような黒いものが泥流の先頭にいたとか、光るものが先頭を流れていたとか、あるいは蛇のようなものだったとか、または大きな入道《にゅうどう》（坊主頭の人）の形をしていたとか、いろいろな説が流れたが、これらは皆信じるに足らぬ虚説である。

焼けた石が泥流に乗って大量に押し寄せたため、それらがぶつかり合って火花を散らし、とりわけ硫黄と水は混じり合わないために、水が奔騰して、予想外の高さまで上がったのである。

けれども、高く上がった水の下方は一面に水煙が立ったため、そこにある物をはっきりと判別できなかった。そのため、人びとは、ただ真っ黒なものが押し寄せてくるとしか認識できず、助かりたい一心で逃げ走っていた。そうしたなかで実態を見届けた者は万人に一人もいなかった。だから、いろいろな噂は皆信じるに値しないものばかりである。

ここから、泥流に関しては、さまざまな流言飛語が飛び交っていたことがわかります。しかし、著者はそれらの噂からは距離を置き、冷静な判断を下そうと努めています。そして、わからないものはわからないとしているのです。

◆干俣村の小兵衛、苗字帯刀御免になる

火砕流や泥流に襲われて、浅間山の北側の村むらは大きな被害を受けました。このとき、いち早く救援に立ち上がったのが地域の有力者たちでした。そうした一人に、干俣村《ほしまたむら》の小《こ》兵衛《へえ》がいました。

七月八日の大異変のとき、近くの村の者たちは、皆小兵衛の家に逃げ込んできた。小

兵衛は、人びとが必要としている物は何でも与え、自分の全財産を提供して、困っている人たちの世話をした。

また、鎌原村から逃げてきた人たち五〇〜六〇人を助けて、臨時の小屋を建てて住まわせ、農作業を再開できるまでのあいだ生活の世話をした。その噂が御上《おかみ》の耳に達し、当地を支配する幕府代官原田清右衛門《せいえもん》様の手代（代官の下役）間半蔵《はざまはんぞう》殿からお尋ねがあった。

その結果、小兵衛は、幕府から江戸によばれて、褒美に銀一〇枚と裃《かみしも》（武士の礼服）を与えられるとともに、苗字帯刀《みょうじたいとう》（武士並みに、公に苗字を名乗り、二本の刀を指すこと）を許されました。以後、彼は干川《ほしかわ》姓を名乗ります。

「浅間大変覚書」の著者は、これは、小兵衛が財産を惜しまずに人びとに施した誠意が天に通じ、天が与えた褒美であると評価しています。同時に、大笹村《おおざさむら》の黒岩長左衛門《くろいわちょうざえもん》、大《おお》戸村《とむら》の加部安左衛門《かべやすざえもん》らも、幕府から褒賞されています。

◈大噴火と大飢饉の複合災害

浅間山が噴火した天明三年は、ちょうど天明の大飢饉と重なっていました。噴火の被害が、飢饉の苦しみをさらに増幅させたのです。噴火と飢饉の複合災害だったといえます。

天明四年閏《うるう》一月から物価がだんだん上昇し、人びとの暮らしはしだいに苦しくなりました。それでも二月いっぱいは食糧をかき集めて何とか凌《しの》いでいましたが、三月になって穀物価格がさらに高騰したため、人びとはたいへん困窮し、餓死する者も多くなりました。

そこで、人びとは、山に入って木や草の根を掘ったり、草原でギボウシ（ユリ科の多年草で、若葉は食用になる）の枯れ葉を拾い集めたりしました。蕨《わらび》・葛《くず》・ところ（ヤマイモ科のつる草）をはじめ、食べられる物はすべて食べ尽くしましたが、それでも吾妻川沿いの村むらでは多くの餓死者が出ました。

さらに、飢えに加えて疫病が流行し、天然痘《てんねんとう》にかかる子どももいて、毎日死者が出ました。「浅間大変覚書」の著者は、「人類滅亡の時が来た」とまで述べています。

天明四年三月十五日ころ、穀物をはじめとする諸物価が全般的に高騰したため、吾妻渓谷沿いの村むらの人びとは皆飢えに苦しんだ。とりわけ、入山（現群馬県吾妻郡六合《くに》村入山）あたりの人たちは、毎日、道に布を敷いたように、とぎれることなく列をなして物乞いに出かけ、家いえの門口は施しを求める人たちで市場のような混雑となった。

しかし、物乞いの人たちが持っている袋には、何も入っていなかった。人びとは、強い風が吹けば倒れてしまいそうな様子で、目も当てられぬありさまだった。近辺の村むらにも、餓死する者が多かった。

そこで、急遽出家して仏門に入る人もいた。また、観音参りとか善光寺参りとかいって、各地へ出かけていく人も大勢いた。

すべての穀物が高値なので、富裕な者でも生活に困る者が大部分で、中以下の者はなおさら困ってしまった。そのため、至る所で泥棒が横行し、土蔵を破ったり家を壊したりした。昼間でも、少しの間に盗みをするので、ほんのちょっとの油断もできず、富裕な者たちは夜もおちおち寝られなかった。

このような困窮状況だったので、毎日多くの人が餓死していき、人間が滅びる時が来たかと思われるほどだった。このたびのような困窮は、ここ三〇〇年来なかったことである。一〇〇年前後のうちにおこったことならば、その言い伝えがあるはずだからである。

それなのに、今回こうした大困窮に陥ってしまったのは、すべて人びとの強欲な心が原因である。飢饉は、天が起こしたものではない。たとえば、檜山《ひのき》の檜が、お互いにこすれ合って燃えてしまうようなものである。

ここには、噴火と飢饉による困窮のさまが具体的に描かれています。何とか命を繋ごうと、仏門に入ったり、寺社参詣に出かける人たちもいました。出家に対しては、人びとも優先的に食糧を分けてくれるだろうとの期待があったのです。寺社参詣の名目で、飢饉の被害が少ない地方に遁《のが》れる人たちもいました。寺社参詣の人たちには、道中の町村の住民たちが、進んで食糧や旅費を恵んでくれることもあったのです。

また、著者は、飢饉の原因を、当時の人びとの強欲な心に求めています。こうした考え方は、あとでもまた出てきます。

◆飢饉は人びとの強欲心が原因

著者は、「浅間大変覚書」を次のように締めくくっています。

吾妻郡今井村（現群馬県吾妻郡嬬恋村今井）の安左衛門《やすざえもん》から、「これほどの大変事も、時が経てば皆忘れてしまい、くわしい話ができる者もいなくなってしまいます。そこで、今回の変事の概要を記録に残して、後のちの話の種にすべきです」と言われたので、思いつくままに書き記してみた。（中略）

もっとも、ずっと後年になってからこの大変事の話をするときには、ここにくわしく書き記しておけば、凶作年や大変事の様子もだいたいわかり、この記録をもとに笑ったり悲しんだりすることができる。

裕福な人は、気晴らしに読んでほしい。貧しい人は、飢饉を恐れるべきである。僧侶はとくに心して、餓死したり泥流に呑まれて死んだ人たちの冥福を祈り、さらに飢饉は人びとの強欲心が原因でおこるということを説き聞かせ、大噴火の火は人びとの怒りの炎なのだと教えるように心がけることが大切である。

この史料は、後年のために、噴火と飢饉の概要を記録にとどめたものだったのです。そして、飢饉は人びとの強欲心が原因で起こり、大噴火の火は人びとの怒りの炎なのだということが強調されています。こうした考え方は、著者が僧侶であることによって出てきた特殊なものではありません。ほかにも、同じような考え方をする人たちがたくさんいたのです。第3章で述べたように、飢饉は一面では確かに人災でした。それが、こうした考え方が生まれる背景にあったのでしょう。

◆幕府内の政権交代を招いた大噴火

以上の諸記録からわかるように、この噴火は周辺地域に大きな被害をもたらしました。ここで、被害の特徴をまとめておきましょう。

第一に、鎌原火砕流と吾妻川・利根川の洪水・泥流による、人命と家屋・耕地の被害があります。火砕流と泥流は、人畜・家屋を一瞬に押し流し、流域の田畑を埋め尽くして泥の荒野に変えました。火砕流にしても、泥流にしても、当時の人びとには寝耳に水の出来事で、避難の余裕もなく命を失ったものと思われます。人びとは、噴火の恐怖におののいてはいても、次に何がおこるか予測できなかったのです。

第二に、より広域にわたる被害として、火山灰や軽石の降下による農作物や人家への被害があります。降灰によって作物が枯れ、また積もった灰・砂を除去しなければ以後の収穫は期待できませんでした。灰・砂の重みで傾いたり、焼けた軽石が当たって破損・炎上したりした家も多くありました。噴煙は、地球の自転によっておこる偏西風に乗って東南東に流れたため、降下物による被害は浅間山の南東方向が中心でした。

第三に、震動・山鳴り・雷鳴などがあります。これは、震動による物の落下といった物質的被害もさることながら、山鳴り・雷鳴などの大音響が人びとに大きな精神的不安・恐怖を与えました。

第四に、噴火後の気候不順が天明の大飢饉に拍車をかけ、百姓一揆や都市打ちこわしを引き起こし、老中田沼意次の失脚につながったという社会的・政治的影響を考える必要があります。自然災害が民衆の危機感と不満を増大させ、幕府内の政権交代をもたらしたのです。自然界と人間社会の変動は、このように密接に連動していたのです。

3　復興に努める鎌原村

本節では、天明三年の噴火によって大きな被害を被った鎌原村を取り上げて、復興の経過を見ていきましょう。

◈壊滅した鎌原村の被害

上野国吾妻郡鎌原村《こうづけのくにあがつまぐんかんばらむら》（現群馬県吾妻郡嬬恋村鎌原）は噴火によって最大の被害を被った村です。七月八日に噴出した火砕流は高速で北流し、村人たちに逃げるいとまを与えずに鎌原村を呑み込みました。

鎌原村は幕府領で、浅間山北麓の標高九〇〇メートル近い高冷地にあるため、作付は夏の一毛作に限られており、不足分を山稼ぎ（林業）で補っていました。また、村内を中山道沓掛宿《くつかけしゅく》から草津温泉に通じる三原《みはら》通りが南北に貫通しており、荷物輸送や旅人相手の商売が村人の重要な生業となっていました。

同村は、天明三年の噴火により、人口五七〇人中死者四七七人（死亡率八三・七パーセント）、生存者九三人（ほかに三八人がよそへ奉公稼ぎに出ていて無事でした）、九三軒の家屋は残らず倒壊、馬は二〇〇頭のうち一七〇頭が死亡、荒廃地は村の耕地の九五パーセント以上に及ぶという甚大な被害を受けました。村役人では名主・組頭が死亡し、百姓代一人が残っただけでした。

◆黒岩長左衛門らの復興努力

被災直後には、近隣の有力百姓である大笹村《おおざさむら》黒岩長左衛門《くろいわちょうざえもん》、干俣村《ほしまたむら》干川小兵衛《ほしかわこへえ》、大戸《おおと》村《むら》加部安左衛門《かべやすざえもん》らが敏速に救援に乗り出し、生存者を自宅に収容して養ったり、被災地に小屋がけして生存者を収容し食糧・諸道具を与えるなどしました（一四四〜一四五ページ参照）。

干川小兵衛らは、横三間（一間は約一・八メートル）・縦一〇間、四カ所の囲炉裏《いろり》をもつ小屋を建て、ほかに馬屋兼物置として、横二間半・縦一〇間の小屋も建てました。遅れて幕府は、八月に食糧代七両三分余を鎌原村に渡す一方、九月には御救普請《おすくいぶしん》（幕府の負担による復旧工事）を開始しました。普請の内容は、火砕流に埋まった田畑のうち二九町余（一町は約一ヘクタール）の再開発と、総延長約七七〇〇メートルに及ぶ道造りでした。幕府が、交通網の再建を重視したことがわかります。この御救普請は、現代でいえば復興対策の公共土木事業に当たるでしょう。

この普請は、鎌原村に近い大笹村の名主黒岩長左衛門が請負人となりました。幕府ははじめ、鎌原村の荒れ地約八七町すべての再開発を長左衛門が請け負うよう求めました。長左衛門は、鎌原村の復興への協力はやぶさかでなかったでしょうが、すべての荒れ地の再開発は大事業であり、その責任者になることには躊躇せざるをえませんでした。それでも、幕府の命は拒みがたく、二九町余の再開発のみは引きうけたものの、残りの五八町弱については返答を保留しました。そのため、まずは二九町余の再開発から始めることになったのです。

九月には再開発が始まりましたが、鎌原村の生存者だけでは労働力不足なので、一畝（約一〇〇平方メートル）を一〇人で再開発し、一人に永《えい》一七文（二六ページ参照）の日当を支払うという条件で、近くの村むらから人足《にんそく》（力仕事に従事する労働者）を募集しました。賃金は幕府が出し、草津村など近隣諸村の困窮者が鎌原村に出かけて働きました。

この賃金のおかげで、人びとは冬中安心して暮らすことができたということです。

この普請には総額金七〇八両二分余の費用がかかり、これに二割の割増分を加えた金八五〇両、永二三五文三分が幕府から支払われ、天明四年閏一月には普請が完了しました。幕府が相場の二割増の費用を支払ったのは、地元を救済する意味があったのでしょう。

以上のことから、鎌原村では、被災直後には近隣の有力百姓から食物や住居などの援助を受けて当座を凌ぎ、次いで幕府の多額の費用を投じての御救普請によって、田畑再開発・道普請などの本格的な復旧が進められるという、二段階の過程を経たことがわかります。さらに、御救普請自体も、実際に現地で普請を請け負ったのが黒岩長左衛門であったように、地元の有力百姓と連携しつつ行なわれたのです。

こうして、鎌原村の荒廃地八七町六反余（一反は一〇〇〇平方メートル弱）のうち二九町八反余（荒廃地全体の三四パーセント）については、鎌原村の生存者を中心に他村の者も加えて再開発が進められ、ほぼ目標通りの二九町三反五畝の再開発が実現しました。ここまでは、順調に進んだといっていいでしょう。

こうして再開発された土地は、鎌原村の生存者九三人に均等に配分されました。なお、鎌原村には、四町五反とわずかですが、被災を免れて無事だった耕地もありました。こちらも、被災前の所有関係はすべて白紙に戻して、生存者九三人に均等に分配されています。江戸時代の百姓たちにとって、所持地は先祖代々の家産であり、命の次に大切なものでした。しかし、火砕流に一面押し埋められてしまっては、もはや「どこが誰の土地だった」などと旧来の所有関係を言い立てていても埒《らち》があきません。所有者が死んでしまった土地も多くありました。そこで、旧来の所有者には関係なく、平等に分配することにしたのです。

◈新たな家族の創出

村の復興のためには、土地の再開発とともに、そこを耕す家族の絆も新たに結び直す必要がありました。そこで、鎌原村では思い切った手立てがとられました。それについては、復興のため現地に派遣された、幕府の復興対策責任者根岸九郎左衛門《ねぎしくろうざえもん》の随筆「耳袋《みみぶくろ》」に、次のような記述があります。

当時の百姓たちは家筋とか素性《すじょう》といったことにたいへんこだわり、相手に応じて挨拶の仕方などにも差別があった。たとえば、現在は金持ちでも、古くからの由緒《ゆいしょ》がある有力者でなければ、座敷にも上げないといったことがあった。

浅間山噴火の被災者を収容する建物を建てた当初、三人の者たち（黒岩長左衛門・干川小兵衛・加部安左衛門）はこの点に配慮して、「このような大災害に遭っても生き残った九三人は、互いに血のつながった一族だと思わなければいけない」と言って、生存者たちに親族の誓いをさせて、家筋や素性の差を取り払った。

その後、追い追い家屋も再建されたので、三人は、九三人の中で、夫を亡くした妻と妻を亡くした夫とを再婚させ、また子を亡くした老人に親を亡くした子を養子として養わせるなどして、九三人全員を実際に一族としてまとめ直し、その門出を酒・肴を贈って祝った。まことに、非常時における有力百姓の対応の仕方は興味深い。

当時の村においては、挨拶の仕方などにおいて厳しい身分格差が存在していましたが、被災直後には、近隣の有力百姓が中心となって、それまでの家格にこだわらず、鎌原村の生存者全員に親族の約束をさせ、そのうえで妻を亡くした夫と夫を亡くした妻とを再婚させたり、親を亡くした子を子を亡くした老人の養子にしたりして、人為的な家族の再構成が行なわれたのです。

実際、天明三年十月二十四日には七組、十二月二十三日には三組の祝言《しゅうげん》が行なわれています。

こうした工夫によって、鎌原村は人的な面で再建されていきました。このような家族の再構成は、生存者の自主的な発意によるものではなく、近隣の有力百姓によって推進されたものでした。

このようなかたちでの家族の再構成は、江戸時代においても異例のことであり、非常事態における人びとのギリギリの選択だったといえるでしょう。こうしてみると、鎌原村の再建は、「復旧」という言葉の意味する範囲を超えており、「新生」といったほうが適切かもしれません。

◆残る荒れ地の再開発計画

先に述べたように、天明四年閏一月までに、二九町三反五畝の荒れ地が再開発されました。これは、荒れ地面積全体の約三分の一に当たります。残りの荒れ地五七町八反余は、結局、大笹村黒岩長左衛門・干俣村干川小兵衛・大戸村加部安左衛門の三人が、幕府の資金提供を受けて復興を請け負うことになりました。

黒岩長左衛門の立てた復興計画は、他村から二九〇人（男女半数ずつ）、一四五戸（一戸は男女二人暮らしを想定）の移住者を募り、一人平均およそ二反の再開発を行ない、天明四年から一五年かけてすべての荒れ地を再開発するというものでした。荒れ地の多さと鎌原村の生存者の少なさから、生存者のみでの全村の復興は無理だと判断されたため、移住者による復興が企図されたのです。そして、幕府が負担する必要経費は一三四〇両ほどと見積もられていました。

けれども、天明四年一月に、長左衛門ら三人が、幕府役人の根岸九郎左衛門らに差し出した書付《かきつけ》には、荒れ地の再開発に当たる移住者の確保が難しいこと、われわれも請負人として移住者の確保には尽力するが、いつまでに復興させるという期限を切ることはできないこと、などが述べられています。当初あった一五年での再開発完了という計画は、早くも実現困難だと判断されたのです。

見通しが暗い理由としては、①鎌原村の気候が寒冷で地味も悪く、そのうえ今回火砕流に埋まったため、再開発しても収穫があまり期待できないこと、②近隣の村むらも今度の噴火でかなりの被害を受けているため、鎌原村に移住者を出すほどの余裕がなく、さしあたり移住者のあてがないこと、がありました。

◈けわしい復興への道のり

その後の鎌原村の復興過程を見てみましょう。人と土地の再建は、どれだけの成功をおさめたのでしょうか。

図1は、天明三〜嘉永六年（一七八三〜一八五三）の耕地の復興状況を示したものです。図1から、天明三年の噴火直後には四町五反まで減少してしまった耕地面積が、翌年には御救普請によって三三町八反余まで回復したものの、その後の再開発は困難を極めたことがわかります。

嘉永六年の総耕地面積は三七町八反余と被災前の四一パーセントに過ぎず、天明五年以

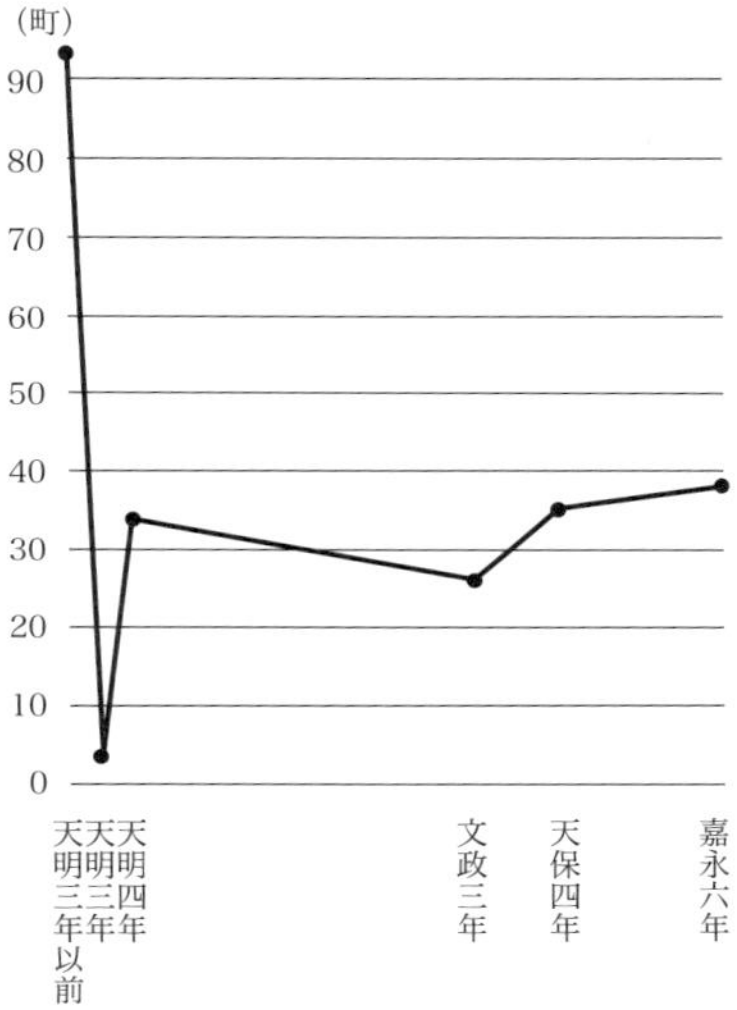

図１　鎌原村の耕地復興状況
（出典：渡辺尚志『浅間山大噴火』（吉川弘文館）より転載）

表１　鎌原村の家数・人口の変遷

年次	家数	人口	年次	家数	人口
享和 2	40 軒	148 人	文化15	36 軒	153 人
3	39	150	文政 1	36	153
4	39	145	2	36	155
文化 2	38	149	3	37	157
3	38	148	4	37	163
4	38	143	5	37	161
5	37	143	6	38	169
7	37	146	7	39	170
8	37	150	8	39	168
9	36	143	9	39	171
10	36	145	10	39	173
11	36	146	11	39	175
12	36	153	12	39	183
13	36	154	天保 1	39	184
14	36	153	2	39	187

（出典：『浅間山大噴火』（吉川弘文館）より転載）

降は四町弱しか再開発されていないのです。また、再開発された耕地は田畑ともに地味がよくありませんでした。石高でみても、天明四年から安政七年（一八六〇）まで村高（村全体の総石高）は約一二七石で増えておらず、やはり復興の困難さを示しています。

次に図1からわかるのは、黒岩長左衛門らの請け負った復興計画がまったく実現していないということです。この計画は、生存者の三倍以上の他村民を移住させて村を再建しようというものであり、幕府の資金拠出と近隣有力者の請負による村の再建は壮大な試みでしたが、残念ながら江戸時代の間には成功を収めることはできなかったのです。

次に、表1によって、享和二〜天保二年（一八〇二〜三一）の、鎌原村の戸数と人口の変遷を見てみましょう。天明三年八月（家族の再編成前）の戸数は三四戸（うち一人暮しになってしまった家が一三戸）で、その後若干は増えたものの、噴火から五〇年近くたっても家数は四〇戸に達していません。

人口は徐々に増加していますが、天保二年にいたっても、戸数三九戸（被災前の四一・九パーセント）、人口一八七人（同三二・三パーセント）にとどまっていました。田畑の再開発の遅れにも規定されて、復興の道程が険しかったことがわかります。

また、先に、被災を免れた耕地や再開発された土地は各村民に均等に割り渡されたと述べましたが、これは被災前に村民間にあった土地所持規模の格差を平準化するものでした。しかし、その後、耕地の質入れや売買が行なわれたこともあって、一九世紀には各農家の所持地の規模にはかなりの格差が生じていました。

◈家まかせでなく村全体で進めた江戸時代の災害復興

本章では、当時の人びとが噴火をどのように受けとめ、また復興に向けてどのように知恵をしぼり努力を重ねたか、その営為と苦闘のあとを明らかにしようと努めてきました。ここであらためて、本章では取り上げなかったほかの村の事例も含めて、激甚災害後における被災村落の復興の進められ方を整理しておきましょう。

まず、幕府は、幕府領村むらに対して、食糧（代）・農具代・家屋建築費・耕地再開発費などを支給し、堤防や用水路の御救普請を実施しました。また、幕府領村むらの復旧を進めるだけでなく、全国政権の責務として大名・旗本領をも含めた復興対策を実施しました。

しかし、それは村むら（とりわけ大名・旗本領の村むら）にとっては十分満足できるものではありませんでした。幕府領村むらのほうに、相対的に手厚い支援がなされたからです。

大名・旗本もそれぞれ自らの領地の復興を独自に進めましたが、小さい藩や旗本の復興策は幕府以上に不十分であり、村むらの不満もそれだけ強かったのです。

村むらの側では、幕府・領主に救済を求めるとともに、並行して自力での復興策を追求しました。

幕府・領主への救済要求には、食糧・救済資金の下付要求や御救普請の実施要求、年貢減免・諸負担免除要求などが含まれます。村人たちは要求実現のために粘り強く幕府・領主と交渉し、また利害の一致する村むらが広範囲に連合して訴えをおこす場合もありました。

自力での復興策追求の具体的なあり方は、村によって多様でしたが、ほとんどの村では先祖代々住み慣れた土地に踏みとどまって村の再建を目指しました。

その際、人的被害が甚大ならば、鎌原村のように家族の再構成が行なわれることもありました。また、広範囲に荒れ地が生じたときには、旧来の土地所持関係を白紙に戻して、村人に均等に土地を配分する場合もみられました。

ほかにも、それぞれの村で独自の工夫がみられましたが、これらに共通しているのは、復興を個々の家まかせにせず、村全体として復興を進めようという姿勢です。村内で救済資金の分配方法などをめぐって意見の対立が存在したところもありますが、他方こうした非常事態に際しては、村という共同体が村人の生産と生活を守るために重要な役割を果たしたことが江戸時代の特徴です。

また、各地の有力者が、村や地域のために私財を提供して復興に尽力したことも重要です。行政当局と地域リーダーと一般被災者とが役割分担しつつ一致協力することによって救援と復興を進めることの重要性は、昔も今も基本的に変わっていないといえるでしょう。

こうした村ぐるみの努力によって一定程度復興は進みましたが、大きな被害を受けた村では復興の歩みもけっして平坦なものではありませんでした。

第5章　地　震

――「弘化大地震見聞記」「善光寺地震大変録」を読む

1　大久保董斎の体験

◈弘化四年の善光寺地震――火災・山崩れ・地滑り・洪水などの複合災害

本章では、弘化四年（一八四七）に長野県北部でおこった大地震（善光寺地震）を取り上げます。

善光寺地震は、弘化四年三月二十四日（太陽暦五月八日）午後一〇時ころに発生した内陸直下型地震です。震源は長野県北部の長野盆地西縁部、マグニチュードは七・四、長野盆地では震度七だったと推定されています。被災地域は、長野県北部から新潟県西部にかけての広範囲にわたり、死者七〇〇〇～一万二〇〇〇人、全・半壊家屋二万九〇〇〇～三万四〇〇〇戸、焼失家屋約四〇〇〇戸とされています。

同年は、三月十日から、数えで七年に一度の善光寺（長野市にある大寺院）の御開帳が行なわれており、地震当日も多数の参詣者で賑わっていたことが被害を拡大しました。松《まつ》代《しろ》・飯山《いいやま》・松本の各藩領や、幕府領・旗本領が大きな被害を受けました。

地震の直接の被害だけでなく、地震が原因でおこった火災・山崩れ・洪水などによっても多くの犠牲者を出しました。山崩れや地滑りは、長野盆地西部の山地を中心に六万カ所以上発生しました。

その最大のものは、虚空蔵山《こくぞうさん》（岩倉山、標高七六四メートル）の崩壊です。地震で山の南西斜面が大規模に崩れ落ち、その土砂が犀川《さいがわ》を堰き止めたのです。それによって生じた天然ダム（堰止め湖）は、長さ四〇キロメートル、深さ七〇メートルに達しました。当地

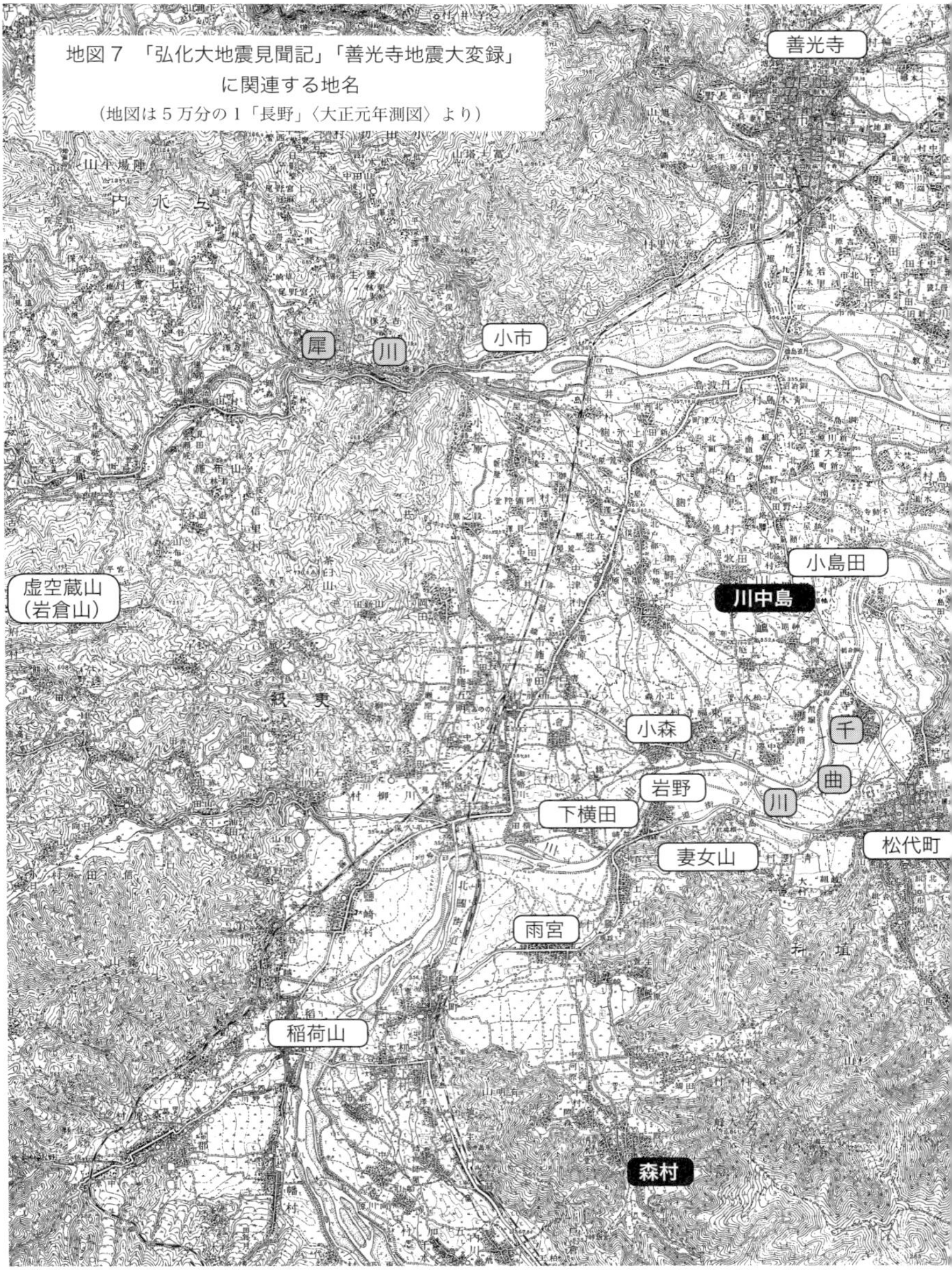

地図７　「弘化大地震見聞記」「善光寺地震大変録」に関連する地名
（地図は５万分の１「長野」〈大正元年測図〉より）

を支配する松代藩（真田家《さなだ》）では、天然ダムの決壊に備えて、三月二十七日から、下流の真神《まがみ》に堤防を築く工事を始めました。これは、万一、天然ダムが決壊したときに、下流の川中島平《かわなかじまだいら》の被害を少なくするためのものでした。合わせて、犀川下流の川幅を広げる工事も行なっています。

この天然ダムは、地震から二〇日後の四月十三日（五月二十七日）の午後三時ころに、ついに決壊し、溜まった水は一気に川中島平を水没させました。洪水の高さは、犀川が川中島平に出る地点の小市《こいち》で二一メートル、松代で六メートルに達しました。この洪水で、二〇〇〇軒前後の家屋が流失し、約一〇〇人の水死者を出しました。

このように、善光寺地震は、三月二十四日の大地震だけでなく、その後も長く続いた余震や、火災・山崩れ・地滑り・洪水なども加わった複合的な災害だったのです。

◈「弘化大地震見聞記」に見る地震の発生

本章では二冊の体験記を取り上げますが、まず「弘化大地震見聞記《こうかおおじしんけんぶんき》」（以下、「見聞記」と略記）から見ることにしましょう。

同書の著者大久保董斎《とうさい》（一八〇〇〜六〇）は、信濃国更級郡《しなののくにさらしなぐん》小森村《こもりむら》（現長野市篠ノ井、松代藩領）の人で、寺子屋の師匠をしていました。小森村は、川中島平の南部に位置しています。

董斎は若い頃、松代藩士山寺源太夫《やまでらげんだゆう》（号常山《じょうざん》、地震当時は郡奉行《こおりぶぎょう》〈農村支配の責任者〉を務めていました）の私塾に入って、儒学を学びました。そして、二七歳で寺子屋を開き、多くの弟子を育てました。源太夫とは、後年まで親交を続けています。董斎が地震にあったのは、四七歳のときでした。

「見聞記」は、弘化四年四月の洪水後、間もない時期に執筆されたものと思われます。同書は、三月二十四日の地震の様子を、次のように記しています。

> 時は、弘化四年三月二十四日の午後一〇時ころ。まだ起きている人も大勢いた。私が眠ろうとしたとき、突然、西北の方角から大地の鳴動が聞こえてきた。何事かと驚いて起き上がり、一心不乱に念仏を唱えているうちに、これが大地震であることがわかった。屋根は崩れ、瓦は落ち、手習いの子どもたちが使う机は瞬時に散乱してしまった。

東西南北からの鳴動が天地に響きわたり、村内の家いえが倒壊する音は竹が割れるようで、生きた心地もしなかった。立ち上がろうとしたが、立つことができない。そばに倒れ伏していた妻に、「どうした」と呼びかけたが、もはや死を覚悟したのか、寝室から出ようともしなかった。

それでも、震動が少しおさまったので、ようやく立ち上がり、そろそろと歩いて様子を見ると、戸・障子・襖《ふすま》は四方に散乱し、門前を流れる小川の水が溢れて庭まで流れ込んでいた。灯りをつけて屋敷の外を見て回ったところ、建物本体には別状がなかったのでホッとした。遠くを見渡すと、善光寺をはじめ都合一三カ所から同時に火の手が上がり、天を焦がす勢いで、白昼のような明るさだった。

しだいに村人たちの提灯《ちょうちん》の明かりが見え始め、あちこちから話し声が聞こえてきた。村人たちが村の神社に参詣する様子なので、私も行ってみた。すると、拝殿はひどく壊れて、屋根だけになっていた。人びとは、「鎮守《ちんじゅ》（村の守り神）の神様が自分たちの身代わりになって下さったのだ」と言い合って、喜び拝んでいた。村の多くの家は、壁が落ちたり塀が倒れたり、何らかの被害を被っていた。

非常時にあって、村の鎮守が村人たちの心のよりどころになっていることがわかります。続けて、董斎の証言を聞いてみましょう。

◈洪水を恐れて親類縁者のつながりで避難

まだ揺れがおさまらないので、不安な気持ちだった。庭に休む場所をつくって、夜が明けるのを今や遅しと待っていた。そこに、小島田村《おしまだむら》に住む妻の伯父がやって来て言うには、「今の地震で虚空蔵山が崩れ落ち、その土砂が犀川の流れを堰き止めて、下流には一滴の水も流れてこないということだ。今にも堰き止められた水が溢れて押し寄せてきたら、溺死しないとも限らない。小島田村の者たちが避難を始めたので、私もここまで逃げてきたのだ」とのことだった。

そこで、門前の小川に行ってみたところ、確かに水は一滴も流れていなかった。そこで、虚空蔵山の崩落は事実だろうと判断し、妻を伯父に託して、夜明け方に岩野村《いわのむら》まで避難させた。自分もそろそろ避難しようと思い、家財や衣装箱を残らずまとめ始めた。

その間も、善光寺や稲荷山《いなりやま》のあたりは燃え上がっており、火勢はなお盛んなように見えた。

二十五日の正午ころ、弟を、近隣町村の縁者のところに安否見舞に行かせた。私は家財を取りまとめて、岩野村の親類市郎太《いちろうた》（上原市郎太〈一八〇二〜九三〉。寺子屋師匠）の所へ大半を送り届けた。私自身も、夜には市郎太方へ避難した。同人方には、しだいに縁者の人びとが集まってきたが、今にも洪水が押し寄せてくるのではないかと心配して、皆夜も眠れなかった。

ここからは、親類縁者のネットワークが、避難にあたって大きな力になっていることがわかります。親類縁者のつながりは村を越えて拡がっており、村全体が大きな被害にあったときや、危難が迫って村にいられないようなときには、このつながりが大いに役立ったのです。董斎は二十五日の未明には早くも犀川の堰止めについての情報を得ていますが、これも他村に住む伯父がもたらしたものでした。

董斎は、三月二十七日には、岩野村の避難先から小森村に帰って様子を見ています。すると、村人たちもそれぞれ他村に避難しており、小森村ではあちこちの家に一人二人ずつ残っているだけという状況でした。

◆天然ダムを実見してひと安心

その後、松代藩から、「犀川の堰止め箇所の様子を不安に思う者は、村役人付き添いのうえ、現地を実際に見てくるがよい」とのお触れがあったので、三月三十日には、董斎も小森村の村役人らと連れだって出かけていきます。堰止め箇所に行ってみると、そこから上流は一面の湖になっており、両岸には村むらの潰れた家が水にのまれて流れ寄っていました。そのありさまは、木の葉を散らしたようでもあり、あるいは湖水に漁船が浮かんだようでもあり、董斎にとっては嘆いても余りあるありさまでした。

董斎は、崩落場所周辺の惨状には衝撃を受けたものの、一応現地を確認してきたという安心感から、以後は衣装箱の大半を岩野村から持ち帰って、自宅住まいをしていました。しかし、余震はいまだに終息せず、ときおりは鳴動に驚いて庭に飛び出すこともありました。

山中居
望藏山
筱崩
犀川之
大川ヲ
湛水二
弐家
浮流
沈流
失之
大畧
下之巻
三水
立岩
水中
平三水
水中
花倉

絵図７　善光寺地震による犀川堰止め風景
（『地震後世俗語之種』〈国立国会図書館所蔵〉より）

その後、地震から二〇日近く経つと、犀川の天然ダムについての反応は、恐れる者もいれば安心する者もいて、一様ではありませんでした。「すでに藩による水防工事が進んでいるのだから、丈夫な者は安心して耕作に励むことこそが大切だ」と言う人がいる一方で、「今、洪水が押し寄せてきたら、体力のない者は逃げられまい」と言う人もいました。

藩からは、「日数を重ねて水防工事が十分に進捗したので、若者や健康な農夫は、ひとまず村に戻って耕作に励め」とのお触れが出ました。そこで、老人や女性・子どもは山につくった仮小屋に残したまま、男たちは村に帰って農作業に戻りました。

董斎も、日が経つにつれて、「このたびの藩の水防工事は大がかりなものだから、たとえ溜まり水（天然ダムの水）があふれ出たとしても、小森村より高い所へは徐々に水が上がってくる程度で済むだろう。万一、この先さらなる大地震や大雨があったときは、ご領主様はじめお侍様たちでさえ、松代のお城にはいらっしゃれないだろうから、そのときは物の数にも入らぬ自分などどうなっても仕方がない」と考えるようになり、いざというときに家財を持ち出す用意も怠ったまま、落ち着き顔で過ごしていました。

しかし、四月九日の大雨により、董斎はふたたび岩野村へ避難する羽目になりました。

十一日の夜には、江戸にいた弟の文蔵《ぶんぞう》が心配して岩野村まで尋ねてきました。互いに無事を喜び合い、十二日にはともに小森村の自宅に戻りました。

◆酒宴を襲った天然ダムの決壊

そして、とうとう運命の四月十三日を迎えたのです。そのときの体験を、董斎はこう記しています。

十三日には、文蔵や隣家の人たちと一日中酒宴になり、この二〇日ばかりの愁いも忘れて楽しく過ごしていた。ところが、午後二時過ぎころ、またまた西の山のほうで鳴動が起こった。

「今日は、異変が起こるのではないか」と思っていると、午後四時ころ、岩野村から親類の市郎太が大騒ぎしながらやって来て、「いやはや、皆さんは何という心得違いをしているんですか。二十五日から洪水を恐れて私の家に避難していたというのに、今日になってこのように落ち着き払っているとは何事ですか。あの鳴り響く音が耳に入らない

犀川水
一時ニ押
出シ三災
之苦難ニ
爰ニ命ヲ
失フ圖
貞義

絵図８　堰止め湖の決壊で川中島平へ押し寄せた犀川の水
（『地震後世俗語之種』〈国立国会図書館所蔵〉より）

んですか」とわめき立てた。

「私（董斎）も不審には思っていたんですが、弟の寅吉《とらきち》が藩の水防工事に出ているので、その帰りを待っているんです」と答えると、市郎太は、「今日は大変な騒ぎになっているので、逃げる用意をしてください」と勧めた。

そこで、急いで夕飯を食べていたところ、屋根に登っていた米八《よねはち》が、「もう水が押し寄せてくるのが見える。みんな逃げろ」と大声で叫んだ。私が西北の方角を見ると、確かに夏空に雲がわき起こるかのように、一面に大波が押し寄せてくるのが見えた。驚いて、夕飯も食べかけのまま、逃げる用意をした。

妻には、「村の前を流れる千曲川《ちくまがわ》の渡し船に、先に乗りなさい」と命じ、弟の文蔵と二人で家財を片付けながら、弟寅吉の帰りを今や遅しと待っていると、ようやく寅吉が息を切らして走って帰ってきた。言葉を交わすゆとりもなく、皆で船の渡し場（赤坂の渡し）まで走り、向こう岸に渡ってようやく一安心した。

後から来た人たちに避難の指示をしてから、市郎太の家の裏にある小屋の屋根に上がって様子を見たときには、すでに黄昏《たそがれ》になっていた。見ると、小森村のほうには水煙が立っており、溢れ流れる水音は山が崩れるときのようだった。「これでは、村中残らず流されてしまっただろう」と一同で話し合っていた。

そのうちに、岩野村も危なくなってきたので、妻女山《さいじょさん》のほうへと退避した。午後六時ころ、居宅・土蔵が一度に崩れ流される音が、竹を割るかのように聞こえてきたので、「これでは、岩野村もすべて流されてしまったろう」と、魂も消え入る思いで見つめていた。

夜半になると、水はたちまち引いていった。その夜は、妻女山で立ったまま、夜明けを今や遅しと待った。実に恐ろしい経験だった。


洪水は、董斎の住む小森村や、避難先の岩野村まで押し寄せてきたのです。ただ、水の速度がそれほど速くなかったので、なんとか避難することができたのでした。

◈乞食になるか、それも諦めるか

妻女山の避難先で、董斎は次のような会話を聞きました。

小森村の村人二人が、避難先で、「どのような前世からの因縁でしょうか。十一月二十四日の夜は、地震で辛い目に遭いながらも、天がお見捨てにならなかったのか、今夜まで生き永らえることができました。そして、今夜またこのような水難に遭いましたが、危うく命が助かり、ここまで逃げてきました。けれども、あの水音を聞くと、村でも残っている家はないでしょう。そうなれば、今宵この場所から乞食《こじき》に身を落として、さすらい歩くことになるのでしょうか」と言い合って、ともに悲嘆に暮れていた。

それに対して、一人の男が、「あなた方は子どもがいないのだから、自分一人の判断で、どこへでも行くことができます。私には、年老いた親がおり、子どもも大勢います。ですから、乞食をしようにも思うに任せません。死ぬに死なれず、生きるにもこのように家も田も押し流されてしまっては、どのような生業を営んで日々を暮らしていけばいいのでしょうか」と、思いのたけを訴え嘆いていた。

百姓にとって、先祖代々住み慣れた村と所持する田畑・屋敷を捨てて、乞食になって各地を転々とすることは耐えられない辛さでした。しかし、老人・子どもを抱えた者にとっては、一人自由に乞食ができることが、かえって羨ましく思えたのです。

◆恐怖の一夜が明けて

四月十四日の夜が明けて、村に戻ってみると、昨日の夕方までは青々としていた麦畑が満々たる大河に変わっていて、夢を見ているような心地だった。それでも、鎮守の森まで行くと、我が家が無事であることがわかったので一安心し、鎮守の神様に感謝の拝礼をした。畑の中には、洪水で流されてきた民家の屋根が四つほど残っていた。

我が家は無事とはいっても、板壁や戸・障子が破損し、屋内には泥が一尺（約三〇センチメートル）ほどの厚さで入っていた。家は傾き、もはや倒れんばかりだった。箪《たん》笥《す》・櫃《ひつ》などは、庭まで押し流され、あちらこちらで砕け散っていた。もろもろの家財道具類は、残らず流されていた。それらを確認したあとは、再度の洪水を警戒して、また岩野村に戻った。

私は、弟たちや岩野村の上原市郎太（親戚）たちに、「今日まで皆様のお世話になってきましたが、今後のことは予測できません。堰き止められた溜まり水も、まだ残っているとのことです。これでは、このままここで暮らしていても、先行きの見通しが立ちません。自分一人ならば、この地でどのようにも暮らしていけるでしょうが、大勢の身内の面倒までみることはできません。幸い、弟の文蔵が来てくれたので、一緒に江戸に出て、この騒ぎが収まるまではひとまず江戸で暮らしたいと思います」と話した。

弟の寅吉は、「私の女房は、二月から親元へ預けてあります。また、私は農業ができる身なので、仕方なくこれまで通り家業を務めたいと思います」と述べた。

その後、岩野村の市郎太ら親類縁者の助けを借りて、屋内に入った泥の除去などを進めた。洪水から一〇日ほど経って、少しは住める状態になったが、庭の樹木は倒れたまま、戸・障子・襖などは倒れないよう縄で結びつけているありさまだった。

洪水の被害を受けた人びとの対応はさまざまでした。董斎は、当面、弟の文蔵を頼って江戸に出ようとしています。文蔵は、地震の前から、すでに江戸で暮らしていました。しかし結局、董斎は引き止められて江戸へは行きませんでした。

一方、もう一人の弟寅吉は、あくまで村にとどまって農業に生きようとしています。人びとは、それぞれのおかれた立場、すなわち所持する財産の規模、家族構成、被災の程度、村の内外にわたる社会関係などを勘案して、自らの行動を選択していたのです。

◈ふるさとの死者を弔う

四月二十八日には、松代藩主真田《さなだ》家の菩提寺《ぼだいじ》である長国寺《ちょうこくじ》が、藩主の命により、災害の死者を弔う大施餓鬼供養《おおせがきくよう》（死者を救済するための仏事法要）を、赤坂山（妻女山）で執り行ないました。二〇〇〇～三〇〇〇人の参詣者があり、その厳《おごそ》かな様子は目を見張るものだったといいます。さらに、領内の諸寺院にも、それぞれ大施餓鬼供養をするよう指示がありました。

董斎は、「御領主様の慈《いつく》しみ深い思いやりがまことにありがたいといって、多くの人びとが赤坂山へ集まって拝礼し、感涙にむせびながら帰って行った。きっと、死者の魂もことごとく成仏しただろう」と記しています。

洪水のあと、松代藩は、水防のための土手普請《どてぶしん》（堤防工事）と幹線用水路の復旧工事を急ぎました。その結果、五月十五日ころから幹線用水路に水が流れるようになり、ようやく飲み水や農業用水が確保できて、村人たちも安堵しました。そして、これなら田植えもできそうだと、藩主の御恩を深く感じるようになったということです。

松代藩は、精神面と物質面の双方で被災者のケアに努めることにより、民衆の崇敬を獲得していったのです。

五月五日は端午《たんご》の節句《せっく》でしたが、人びとは例年のような普通の気持ちではいられませんでした。旗や幟《のぼり》も立てず、子どもたちの挨拶回りもほとんどありませんでした。節句を祝う用意をする人もなく、まことに哀れなありさまだったといいます。

そして、「弘化大地震見聞記」は次の文章で結ばれています。

五月十三日は、四十九日の供養の日だった。私（董斎）は、親類縁者で亡くなった方の家を、早朝からあちこち弔問に歩いた。夕方、帰り道で、西の山の方を見ると、いつもと違って夕日が輝き、日が沈んだ後は紫の雲が満天に広がっていた。「いかにも、亡くなった人たちが、仏の助けで成仏したことを示しているようだ」と一人つぶやき、念仏を唱えながら帰った。

小森村の入口に来ると、あたりには荒れ地が拡がっていて、日暮れどきには道に迷ってしまいそうだったので、足を速めて家に帰った。

2　中条唯七郎の体験

続いてもう一つ、善光寺地震の体験記をご紹介しましょう。それは、中条唯七郎《なかじょうただしちろう》（一七七三～一八四九）が著した「善光寺地震大変録《たいへんろく》」（以下「大変録」と略記）です。

唯七郎は、信濃国埴科郡森村《しなののくにはにしなぐんもりむら》（現長野県千曲市）の百姓で、同村の名主も務めました。彼は、善光寺地震のときには、数えで七五歳になっていました。

森村は松代藩領で、弘化三年（一八四六）には戸数三一一戸、人口一四四〇人でした。村内は、中村・中河原・殿入《とのいり》・小路など、いくつもの集落に分かれていました。農業中心の村で、養蚕業もさかんでした。

「善光寺地震大変録」は、唯七郎が体験し見聞きしたことがらを、細大漏らさず日記風に記録したものです。リアルタイムの記録ということになります。では、早速、その内容を見ていきましょう。

◆押し寄せる避難民に困惑する

三月二十四日午後一〇時ころにおこった大地震で、森村では、壁にヒビが入るなど、損壊した家がたくさん出ました。なかには、潰れた家もありました。井戸水が黒く濁ったり、地面の割れ目から水が噴き出した所もありました。地震のあとは皆、再度の大揺れが心配で、家の中にいることができず、庭にむしろを敷いて、天を仰ぎながら夜を明かしました。

森村の被害は周辺と比べると比較的軽かったようですが、森村の中でも中村や中河原の集落では大きな被害に遭った人もいました。川中島では、立派な家ほど地震の揺れで潰れたということです。瓦葺きの家が、屋根の重みに耐えきれずに潰れたものと思われます。

二十五日も、村人たちは庭にむしろを敷いて過ごしました。中条家では、二十六日に庭先に小屋がけして、そこで暮らすことにしました。ほかの家いえも、小屋をつくって暮らしていきました。二十九日明け方の地震で、中条家の土蔵の屋根瓦が一寸（約三センチメートル）くらいずつ、ずり下がってしまいました。

三月晦日《みそか》には、雨が降ったため仮小屋にいられなくなり、本宅に戻りました。このとき、地震以来初めて炉で火を使っています。もっとも、雨が止んだ後は、また仮小屋に戻ったようです。

四月七日になっても、いまだに皆、庭に当座の小屋がけをして、昼夜ともそこで暮らしていました。倒壊の危険があって、元の家では暮らせないのです。裏山の仮小屋は、五月五日にようやく撤去しています。

三月二十六日に、松代藩は、犀川の天然ダム決壊を恐れて、川中島平の村むらに、山寄りの高い所へ避難するように指示しました。さらに、二十七日には、領内の村むらに、「被災して行く当てもなく困り果てた人たちが村にやって来たら、見ず知らずの人であっても、丁重に泊めるように」との厳重な通達がありました。

それもあってか、森村には大勢の人たちが避難してきました。森村に知り合いのいる人にくっついて、森村には縁のない人までやって来ました。ただ温泉で知り合っただけという程度の間柄なのに、それを頼りに川中島のほうから避難してくる人もいました。唯七郎は、仮住まいを頼まれた森村のほうでも、村人たちは小屋住まいをしている状況なのだから、そこへ押しかけてくるのは「藪から棒の無理無心」だと述べています。被災者を受け入れつつも、困惑しているのです。

三月二十八日に、松代藩では、今回の大変事がおさまって人びとが安心できるようにと、寺院・神社に祈祷を命じました。唯七郎は、二十九日には、「殿様は数々の対策を講じてくださり、万端行き届かないところはない」と、藩の対策を高く評価しています。

四月十日には、「殿様は御殿《ごてん》のお庭に小屋をかけて仮住まいなさっており、桜の馬場には諸役所が建てられて、時々刻々評議がなされているということだ。殿様は物惜しみなさることなく、慈悲深く救済に当たっておられる」と記しています。

三月二十八日には、「昨二十七日の夜、雨宮村《あめのみやむら》で、山王宮《さんのうぐう》に願《がん》をかけるために、村人たちが水垢離《みずごり》（冷水を浴びて、神仏に祈願すること）をとっていたところ、その騒ぎを聞いた隣の土口村《どぐちむら》では、『堰止め湖（天然ダム）が決壊したために、このように騒いでいるのだろう』と思って、やはり騒ぎ立てた。そのため、周囲を巻き込んだ大騒ぎとなり、決壊に備えていた藩士たちも鳴り物を鳴らして合図を送ったので、松代までが大騒ぎとなった」という話を聞いています。人びとの不安な思いが、誤認・誤報を生んだのです。

◆天地開闢以来の変災

三月二十九日に、唯七郎は、ある被災者から、「地震で潰れた家の下から、『助けてくれい、助けてくれい』と悲しく泣き叫ぶ声を何回も聞きながら、なすすべなく通り過ぎざるを得ませんでした」という話を聞いています。

同日、「今日は繰り返し地震に見舞われ、まことにこの世の終わりのような大変なありさまである。生きているのに、生きた心地はまったくしない。皆、同じ気持ちである」と記しています。

四月五日には、「変事などは、実際にあったことより、話のほうが大げさになるものだ。しかしながら、今回に関しては、話よりも実際のほうが大変である。唐辛子《とうがらし》の辛さや冬の寒さを、実感したとおりに伝えることが難しいのと同じで、今回のことは、どのようにしても実際におこったことの大変さを伝えることはできない」と記しています。地震の大変さを十全に伝えられないもどかしさを感じながらも、懸命に日々記録を綴っているのです。

これまで、談義・説法などで、「(釈迦入滅《にゅうめつ》から)五六億七〇〇〇万年の後には、弥《み》勒《ろく》の世となる」という話をしばしば聞いてきたが、まさに今がそのときかと思われるほどのありさまである。

これまでいろいろ天変地異の話は聞いてきたが、今度のようなことは聞いたことがない。天地開闢《かいびゃく》以来、前例のない変災である。

唯七郎は、今回の大地震を、僧侶などの説法で聞いたことのある「弥勒の世」になぞらえているのです。弥勒(弥勒菩薩)とは、仏教上の救世主で、釈迦の没後五六億七〇〇〇万年後に現世に現われて、作物が豊かに実る理想の世を実現すると考えられていました。また、彼は、「今回の大変は、貴賤・高下・貧富の隔てなく、皆一同一致の苦しみとなっている」といいます。

◆時ならぬ年越しと当たらない占い

三月晦日に、森村では、村人たちが協議のうえ、同夜、松や注連縄《しめなわ》を飾って、年越しをすることにしました。新たな年を迎える行事を行なうことで一区切りつけ、大地震を昨年の出来事だということにしてしまい、心機一転前向きに生きていこうというのです。

四月一日には、名主から、「今日は休日にして、神仏に祈るように」との連絡が廻ってきました。元旦になぞらえているのです。殿入《とのいり》や小路の集落の人びとは、集落にある明神《みょうじん》や観音《かんのん》に参拝して安全を祈願しました。川西地区（森村を流れる沢山川の西の地域）では八幡《はちまん》に参詣するなど、思い思いの信心をしました。殿入や小路の若者たちは、明神の社前で、慰み半分に覚えた経文《きょうもん》やお祓《はら》いの言葉（祝詞《のりと》）を、口ぐちに声がかれるまで唱えました。

四月二日に、森村の川東（沢山川の東の地域）では、若者たちが、鎮守の社《やしろ》で水垢離《みずごり》をとったり、神託《しんたく》（神のお告げ）を聞こうとしたりして、大勢で大騒ぎしていた。この若者たちは、日頃から経文やお祓いの言葉を唱え、加持祈祷《かじきとう》（災いを除き願いをかなえるため、仏の加護を祈ること）の真似事をして楽しんでいたが、今日も、特定の人に神を憑依《ひょうい》（のりうつること）させてお告げを聞こうとして、慣れた手順で儀式を執り行ない、声を限りに唱えた。しかし、今日は神託を得ることができず、むなしく中止してしまった。

私（唯七郎）は日頃から観音のお告げを信じており、お告げの内容にはいつも満足していた。今度も、いつ地震がおさまるのか伺ったが、今回に限って少しも当たらない。また、当村の中村に住む谷平《やへえ》の倅《せがれ》は、易《えき》（占いの一種）や人相見《にんそうみ》に熟達しており、その鑑定はよく当たった。そして、今回、彼の易の結果と私の得たお告げとはよく一致していたのだが、実際はどちらも外れてしまったのだった。

上《かみ》の金井という所に、東春《とうしゅん》という陰陽師《おんみょうじ》（古代中国の陰陽五行説《いんようごぎょうせつ》〈九六ページ参照〉にもとづいて加持祈祷を行なう者）がいた。彼は易術を得意としていたので、幕府代官のお抱えになっていた。そして、今回代官所に呼ばれて、地震がいつ終息するのか、易術で占うよう命じられた。ところが、いくら易の結果を上申しても、いつも外れてしまった。そこで、怒った代官から、自宅謹慎を言い渡されてしまったということだ。

今回に関しては、お告げも易もまったく当たらないというのです。これについて、唯七郎は、「このように、今回に限って正しいご託宣や易断が得られないのは、今度の大変事で天地の気（万物が生ずる根元、またその動き）が逆転してしまったからだ。それを、順気（気が正常に運行すること）のときの術に依拠して占おうとするのは、刃物の刃を逆にして、峯（刃の背の部分）の側で切ろうとするようなものだ。それで、どうして切れるだろうか」と述べています。大地震によって自然界の動きが狂ってしまったために、平常時には当たる占いも当たらなくなってしまったのだと考えているのです。

◆実見と人伝えで総合的に情報収集

前述したように、大久保董斎は、三月三十日に犀川の天然ダムを見に行きましたが、ほかにも天然ダムを見に行く人はたくさんいました。四月八日には、三十郎（唯七郎と同居している娘婿）が、天然ダムや周辺の被害の様子を見に行っています。唯七郎も、四月十二日（決壊の前日です）に、本家の文太夫《ぶんだゆう》らと三人連れ立って、天然ダムや周辺の被災地を見に行きました。
四月九日には、松代藩に奉公している島田平治《しまだへいじ》から、領内の各所から出された被害届の集計結果（三月二十四日から四月一日までの分）を聞いています。それによると、
死　者　　二六一三人
負傷者　　一八六九人
全壊家屋　五一〇五軒
半壊家屋　五〇〇三軒
死　馬　　一六五四
だということでした。
また、平治は唯七郎に次のような話もしています。
「小市《こいち》の御普請所《ごふしんじょ》（洪水被害を防ぐための土木工事現場）には御家老方が交替で四六時中詰めています。人足《にんそく》（力仕事に従事する労働者）は一日に三〇〇〇人ずつ動員されていま す。現場では、五色の吹き流しを立て、陣鐘《じんがね》や陣太鼓《じんだいこ》を揃えており、戦陣と変わりありません。人足の休憩の合図には鐘を、作業再開の合図には太鼓を用い、食事のときには両方

を打ち交ぜます。

いよいよ堰止め湖（天然ダム）が決壊したときは、上手《かみて》から順々に鉄砲を撃って下流に伝えます。人足たちは、その音を聴いたら避難することになっています」

戦陣と変わらぬ、工事現場のものものしさが伝わってきます。四月九日には、唯七郎は、「笹崎山から赤坂山にかけて、川中島の住民たちが仮小屋を建て連ねているさまは、戦国の世もこうだったかと思われるほどの、たいそうな様子だということだ」とも記しています。次のような記事もあります。

江戸から下ってきた藩役人が、犀川の堰止め箇所を掘って水を下流に流そうと計画し、四月十二日から現地で人足たちの指揮を執ったということだ。しかし、見るからに危険な場所なので、人足たちは皆恐れて、前に進む者がいなかった。

すると、藩役人は、「こうした場所で進もうとしないのは、人情の常である。それを進ませるためには、後戻りする者の一人や二人は切り捨ててもやむを得まい」と言ったそうだ。このような尋常でない発言は、戦争中と変わりない。

このように、地震後の藩や民衆のありようは、戦国時代を彷彿《ほうふつ》とさせるほどの緊迫感に溢れていたのです。

そのなかで、唯七郎は、自ら天然ダムを見に行くとともに、藩の集めた情報も含む、多様な情報の収集に努めています。藩は、被害の数値を公式発表したりすることはありませんでしたが、唯七郎は伝手《つて》をたどってさまざまな情報を入手しているのです。

彼は、十月にも、松代藩による被害調査の集計結果だとして、以下の数値を記しています。

藩領内の被災耕地　三万二八五〇石
　うち田　一万　八五石余
　　畑　二万二七二〇石余
倒壊家屋　七六七〇軒（数値は原文のまま）
　うち焼失　四九軒
　焼失のうえ浸水　二〇〇軒

浸水により浮き出し　六〇〇軒
山崩れで土中に埋没　三〇〇軒
倒壊　六五二〇軒
死者　二七七〇人余　ただし、正確な人数の確定は困難
死牛馬　二六七四

◆天が人びとの考えを一変させた

唯七郎は、「今回の大地震では、各地でたくさんの家屋が倒壊したが、隣り合った村でもまったく被害のなかった村もあり、一村のうちでも、ほかの家いえには被害がないのに、一軒だけ微塵にこわれて、亭主まで死んでしまった家もある」と述べています。

実際、地域により村によって被災の程度には差があったわけですが、その理由については次のように記しています。

人びとは、「今度の地震では、どこの村や町も被害を受けたとはいっても、普段から

『あまり悪激《わるはげ》しく、人の生皮《なまかわ》を剥ぐ』と言われた、善光寺・稲荷山《いなりやま》・篠ノ井《しののい》の被害がとりわけ大きかった」と話している。

このたびの稲荷山の家屋倒壊・延焼の際に、家の下敷きになった両親が、「助けてくれ、助けてくれ」と悲鳴を上げるのを聞き捨てにして、家財を持ち、夫婦だけで逃げ出した者がいると聞く。こうしたことだから、その当人だけでなく、稲荷山村全体に天罰が下ったのだ。これほどまでに不人情な村だとは思わなかった。

善光寺町は善光寺の門前町として繁盛《はんじょう》している町場、稲荷山は北国街道《ほっこくかいどう》の宿場町です。人口も多く、地域の商業・流通の中心として栄えていた場所です。いずれも住宅が密集しているために、住宅の倒壊や火災の延焼によって大きな被害を出したのです。ところが、人びとは、「町場の者たちは、金儲けばかりを追求し、自分のことしか考えないから、天罰が下ったのだ」と噂し合ったのです。唯七郎も、同様に考えています。

このたびの大変事は、人情を戒め、人びとが本来の正しい心持ちを取り戻す契機として、天によって起こされたものだと思う。それは、次の理由による。

これまでは、世間の動向によって、物価が激しく変動していた。ところが、今回の地震に乗じて物価をつり上げようとした人には、たちまち天罰が下った。たとえば、建築工事に関わる費用を値上げしようとした善光寺の者は、たちまち怒った人びとによって家宅を打ちこわされた。また、塩や穀物の価格をつり上げようとした者も打ちこわされたが、人びとの評判は「打ちこわされても当然だ」というものだった。

桑原村《くわばらむら》あたりでも、同様の理由で打ち殺された者がいた。加害者は逮捕されたが、不公平な処罰はされていないという。

こうした状況なので、この騒然とした世情にあっても、物価が上昇しているという情報はけっして聞こえてこない。だとすると、天が、自ずからそうしたことを御制止なさったのだと思われる。今までの人びとの心持ちやり方が、まさに一変したといえる。

普通なら、こういうときは穀物価格が高騰して騒ぎになるところだが、今回は、桑原村の大工が同村の穀物商のところに行き、穀物の有無をめぐって口論の末、穀物商を切ってしまい、松代へ連行されるという事件があった。そのため、今のところは格別高騰するということはない（ほかの穀物商たちは、身の危険を感じて、値上げを控えているのだろう）。

唯七郎は、物価をつり上げたりして儲け第一主義に走る世間の風潮を戒めるために、天が地震をおこしたのだと考えているのです。その証拠として、地震後は食糧が不足しているにもかかわらず、価格の高騰がおこっていないことをあげています。天が、人びとの考え方を一変させ、適正価格での売買を実現させたというのです。

ただし、そうした変化は自動的におこったのではありません。唯七郎は、人びとによる打ちこわし（民衆が富裕者・悪徳商人を襲って、家屋や家財を破壊すること）などの制裁行為が物価の上昇を抑止しているのであり、天が人びとの行動を通して、自らの意思を実現しているのだと考えています。打ちこわし勢は、天の意思を代行していると考えられていたのです。

◆助かった人、助からなかった人

この点に関わって、唯七郎は次のようなエピソードを記しています。

三月二十四日に、森村の庭吉《にわきち》は、妻子とともに善光寺に参詣し、門前の宿屋に泊まっていた。地震が起こったとき、庭吉は夜遊びに出かけていて、まだ宿には戻っておらず、そのためかえって無事だった。けれども、宿で寝ていた妻子は、崩れた建物の下敷きになって命を落としてしまった。

庭吉は、当時、継母とは別居していた。継母は木綿の種をまだ蒔き終わっておらず、「人を雇って蒔く」と言っていた。庭吉の祖父吉太夫《きちだゆう》は、庭吉に、「種蒔きの手伝いをして、蒔き終わってから善光寺に参詣しなさい」と強く勧めた。しかし、庭吉は、妻の言うことに従って、継母を手伝うことなく参詣に出かけた。その結果、今回の危難に遭遇してしまったのである。

これは、後世までも親に背いてはいけないという天の教えであり、それは鏡に映すように明らかなことだ。恐れ慎まなければいけない。学問とは、文字で表わされたものばかりではなく、現実から学ぶべきものなのである。

今度の大変事において、普段の心がけが良くない人は、その人が住む村全体は無事でも、その人一人だけ変死したりすることがあった。また、普段から「人の生皮を剥ぐ」と言われるくらい、市場や商業が発達していた村は、被害が格段に大きかったようだ。すぐ隣の村は平穏だったのに、そうしたことが現実にあったのである。

このように言うと、すぐに、「山中《さんちゅう》（長野盆地西側の山間部。地震で山崩れ・地すべりなど大きな被害を受けた）は、どうして被害が大きかったのか」と反論されるだろうが、私の浅い知識ではそれに答えることはできない。ただ、非道・非分がまかり通っている所では、きわめて被害が大きかったと言っているだけなのだ。

「今度の地震では、少しでも悪心を抱いている人には、その報いが現われたのだ」と言おうものなら、「山中は人情の素直な土地柄なのに、どうしてあのように被害が大きいのか」と詰問されて、返答に困ってしまう。

ここでも、唯七郎は、因果応報・天罰覿面《てきめん》ということを言っています。孝行などの道徳に反し、利潤追求に狂奔する人びとに天罰が下ったのだというのです。しかし、一方で、「被害が大きかったのは、町場だけではない」と指摘されると、反論できないでいます。唯七郎も、「地震は天罰」といった論法が抱える矛盾には気がついており、当時、実際にその矛盾を指摘する人もいたのです。

また、次のような話も聞いています。

川中島の中嶋という所に、常に心がけが良く、困っている人に施しをしたり、泊めてあげたりしていた人がいた。ときには、宿代を取って泊めることもあったが、その宿代はまた困っている人に与えていた。

そうした善行の御利益《ごりやく》だろうか、今回の洪水のとき、その人の家の土蔵一つだけが無事に残った。その残り方が、また何とも不思議だった。その土蔵の上手《かみて》に神社の森があり、その森に流されてきた家が引っかかり、それが水流を防いだのだ。そのうちに、今度はお宮の建物が倒れて境内の木に引っかかり、それも土蔵に水流が激突するのを防いだ。

この両者が相まって、土蔵は難を遁《のが》れたということだ。その人の普段の奇特な心がけと、土蔵が残った経緯とが、あまりにもピッタリと符合していて、実際にあったこととは思えないくらいである。

◆地震、火災に続く地獄の水責め

川中島平《かわなかじまだいら》から千曲川《ちくまがわ》東岸の山やまに避難した人びとは、村ごとに目印を立てて仮住まいをしていましたが、三月晦日には多くの人が元の家に戻っていきました。もう洪水がおきることもなかろうと判断したのです。

四月十日には、土尻川《どじりがわ》の天然ダムが決壊しました（犀川だけでなく、より小規模の天然ダムはあちこちの川にできていたのです）。けれど、心配していたほどのことはなく、人びとは大いに安心しました。かえって、それで油断してしまい、犀川の天然ダムが決壊したときに対応を誤った者もいたようです。

そして、四月十三日に、とうとう犀川の天然ダムが決壊しました。川中島平の人びとは、天然ダムができた当初は用心して、千曲川東岸の岩野村などに避難していましたが、日が経つにつれて気が緩み、自村に戻っていた人もいました。そうした人たちが、今度の洪水で溺死したのです。

ただし、四月十一日には、「川中島の人びとは、犀川の堰止め湖（天然ダム）が決壊することを恐れて、思い思いに逃げ支度をしているということだ」とも記されています。人びとの間には、多様な対応があったのでしょう。結果的に、溺死者は約一〇〇人となりました。

唯七郎は、四月十四日に、こういっています。

今度の大変事では、一〇〇人寄れば一〇〇色の奇変が語られ、一〇〇〇人いれば一〇〇〇色、一万人いれば一万色の奇話がある。なかなかもって、あるがままの大災害の様子をすべて書き記すことができないのは、言うまでもない。私は、ただ自分が聞いたことを、折に触れて千万分の一でも記録して、後世に伝えたいのだ。

大地が震動し、家屋が倒壊し、それから火災が発生し、そのあとが水責めだ。本物の地獄も、これほどではないだろう。この記録を読む人は、この惨状を察して理解してほしい。

川中島方面から森村周辺に避難していた人たちは、四月十五、十六日に皆帰って行きましたが、彼らの故郷はいったいどうなっていたでしょうか。

◈明暗を分けた災害後の村むら

松代藩は、地震と洪水のあと、寺社の祭礼を禁止しました。この非常時に、お祭りどころではないというわけです。

四月二十四日は三月二十四日の大地震からちょうど一カ月なので、今の安全を祝して、森村全体で休日としました。

四月二十八日には、妻女山《さいじょさん》で大施餓鬼供養《おおせがきくよう》がありました。このたびの圧死・焼死・溺死などによる大勢の変死者の追善のため、松代藩主が菩提寺の長国寺に命じて大法会《だいほうえ》を営んだのです。これは、大久保董斎も述べていました（一八七ページ参照）。唯七郎も参詣したところ、所狭しと大群集が押しかけて盛況だったということです。

五月五日は端午の節句でしたが、今は大変なときなので、森村では節句の飾りを付けている家などはありませんでした。もっとも、森村近辺では祝いの食事の用意くらいはしていました。しかし、皆、心中では大変事のことに気を取られて、心から祝う気持ちにはなれなかったようです。

五月十三日は犀川の天然ダムが決壊してからちょうど一カ月になるので、妻女山に長国寺配下の寺院の住職たちが集まって大施餓鬼会《おおせがきえ》が行なわれました。川西（松代藩領で千曲川の西側の地域のこと）のほうは、郡村《こおりむら》の矢先山で大施餓鬼会を行なったということです。

五月二十六日には、「今、川中島では田植えができない場所が多いということだ。いったん掘り立てた用水路が、また崩れて困っているとのことである。これは、今日、岩野村の孫八《まごはち》から聞いたことだ。それに比べて、森村をはじめ、東の山際の村むらは穏やかで安心していられる」と記しています。

唯七郎は、七月八日には、「三月二十四日の午後一〇時以降、地震はずっと続いているが、今となってはたいして差し支えもない」と述べていますが、十月六日には「さてさて、この地震はいつ完全に終息するのだろうか」と歎息しています。長期にわたって続く余震は、やはり気になる存在だったのです。

大きな被害のなかった森村にも、地震の後遺症はありました。それは、地震による地下水脈の変化です。七月十七日には、「森村の中でも、大地震以降、水が出なくなってしまった所と、新たに水が出始めた所とがある。まことに、前代未聞のことだ」とあります。

森村では、井戸水・わき水が減少・枯渇する所がある一方で、新たに水が湧き出したり、従来以上に水量が豊富になった所もありました。周辺の村むらでも同様の状況で、全体としては渇水が深刻になっていました。

十月四日には、「坂木村《さかきむら》あたりでは、これまで水が乏しかった所に水が湧き出し、新たに水田ができているということだ。喜びのあまりに、『地震様』などと言っている者もあるという噂だ」とあります。水に関しても地震の影響は一様ではなく、一部には「地震様」などと言って喜ぶ者さえいたのです。

◆頻繁な人足動員に困る百姓

森村では、もう一つ困ったことがありました。松代藩から、頻繁に人足《にんそく》の動員がかかったのです。

(五月五日)今は養蚕や農作業で、ただでさえ暇がないのに、そのうえ毎日のように松代に人足として呼び出され、さらに森村の御領主(松代藩士)からも人足に動員されて、本当に寸暇もない。皆、途方に暮れ果てている始末である。

(五月十九日)今年は大変な年なので、二十日は半夏生《はんげしょう》(七十二候の一つ。夏至から一一日目)だけれども、普請人足が今もって容赦なく賦課され、あちこち遠方へも使役されている。

(九月二十三日)今年は、桑原山から材木を伐り出すための人足が、八月から毎日のように割り当てられるため、耕作の支障になっている。このところ、こうした役儀の人足の賦課が頻繁なため、百姓たちは寸暇もなく、皆が迷惑至極である。このようなことは前代未聞だ。

（十月十二日）この頃は、桑原山での作業をはじめとして、普請人足の役儀が前代未聞の頻繁さで賦課されてくる。

地震後は、壊れた建物の再建、堤防・用水路・道路橋梁の修築などに大量の労働力が必要となりました。それらに用いる木材の伐り出しにも労働力は必要です。百姓家の再建などは、それぞれの持ち主が行ないますが、堤防・幹線用水路・道路橋梁などの大規模な復旧工事（インフラ再建）は藩の責任で行なう必要がありました。

そのための労働力が、藩領の村むらに割り当てられたのです。これは強制動員であり、森村でも割り当てられた人数は必ず出さなければなりませんでした。そのため、農繁期に働き手が人足に動員されてしまい、農作業に支障が出ているのです（※）。

一般論として大規模な復旧工事が必要なことは、百姓たちもわかっていたでしょう。けれども、それは必ずしも自家の経営に直結するものばかりではありません。自村や自家とは直接関係のない工事のために、遠方までかり出されることもあったのです。そうなると、百姓たちが「農作業の妨げになって迷惑だ」と思うのも自然です。広域的な復興と自村・自家の個別の再建との狭間《はざま》で、百姓たちは悩んでいたのです。

※　第４章で見たように、領主主導の復興土木事業に参加した百姓には賃金が支払われ、それが被災した百姓の生活を支えるのに役立ったことは事実である。しかし、賃金が支払われたとしても、農繁期の強制動員は、百姓にとって迷惑な負担だと感じられる場合もあったのである。

◈地震後も参詣者で賑わう善光寺

地震にもかかわらず、善光寺への参詣者は後を絶ちませんでした。四月三日には、「今回の地震で被害のなかった遠方の地から、善光寺の御開帳に参詣者が押し寄せているということだ」と記されています。森村からも、複数の村人が善光寺に参詣しています。

そして、十月十八日には唯七郎も参詣に出かけました。

一番鶏が鳴く前に家を出て、犀川の渡し場まで行ったところ、往来には一寸（約三センチメートル）の隙もないほど、参詣の群集が続いていた。船の渡し場には、折り重なるように人がいて、なかなか船に近づくことができなかった。長いこと渡し場で待ったあげく、結局、乗船できずに、あきらめて帰る人も大勢いた。船は、人が乗りすぎて沈み気味だった。

親切な人に助けられて、何とか犀川は渡ったが、その後も人が多くて、なかなか善光寺までたどり着けなかった。善光寺の人たちも、「これまで、これほどの大群衆が参詣にやって来たという記憶はありません。前代未聞のことです」と言っていた。

どこの食べ物屋に入っても、何も売り物がない。最初から、入店を断わられるようなありさまだった。善光寺のほうに向かってただ道に立っていれば、人に押されていつの間にか善光寺に着いてしまうというくらいの状況だった。

このように、地震後も参詣者が途絶えるどころか、逆に前代未聞の大群衆が押し寄せていたのです。そこで、唯七郎は次のような経験をしました。

「大地震」という出版物を買ってみたところ、文字をよく知らない人がつくったのか、書いてあることが理解できない。たとえば、「絶」と書くべきところを「施」と書いてあったりする。役に立たない本だ。

「弘化丁未《ひのとひつじ》四年、大地震ならびに山崩れ・大火・水押し、人死に・田畑水押し、あらましの記」という本を写し始めた。途中まで写したが、それ以降は誤字やお粗末な記述が多くて、写す気にならなかった。

これを見ても、善光寺の人の不正ぶりが想像できる。人から金さえ取れれば、どのような不正をしようと気にも留めないという人情である。どんな天災に遭っても仕方のないやり口だ。本当に情けないやり方で、これを見れば万事が察せられる。

唯七郎が、善光寺で売られていた地震に関する書物を入手したところ、内容的にはいい加減なものだったというのです。「大地震」と「弘化丁未四年、大地震ならびに山崩れ・大火・水押し、人死に・田畑水押し、あらましの記」とは、同じものかもしれませんが、はっきりとはわかりません。同一物だとすると、唯七郎は、買った本をさらに書き写しているわけです。江戸時代には、こうやって次から次へと写し取られることで、書物は広く普及していったのです。

しかし、この場合は、唯七郎は途中で書写をあきらめています。そして、こんなひどい本を平気で売りつける「善光寺の人の不正ぶり」にあきれ果てているのです。こうした経験を経て、「金儲け第一主義に対する天罰としての地震」という考え方が強まっていくのでしょう。

松代藩は、地震の被害についての公式発表などはしませんでした。そのため、民衆が被害の全貌を知る手段は限られていました。そのなかで、重要な情報源として、民間の出版物がありました。善光寺など地元でも多くの出版物が出されて、民衆の知識欲に応えたのです。しかし、その内容は玉石混淆《ぎょくせきこんこう》だったため、かえって誤った情報が流布することにもなったのです。

◈藩への献上と褒賞

唯七郎は、五月三日に、金一分（籾《もみ》一俵分の代金）を、森村の名主を通じて松代藩に献上しました。ほかにも、村むらの有志たちが、思い思いに籾や金を献上しました。大地震の救済・復興のために使ってもらおうというのです。

このとき金穀を献上した百姓に対して、十二月十三日に藩から呼び出しがあり、献上の内容に応じて褒賞がありました。森村からは、唯七郎の代理の三十郎（同居している娘婿）を含めて一三人が出かけました。

その際、森村の側から、「これまで森村の者たちが藩に献上した金については、今後いっさい返済は求めません。その代わりに、名主・組頭・長百姓《おとなびゃくしょう》（百姓代）ら村役人には、村役人の任期中羽織の着用を許可してください」と願って認められました。羽織を着用できるというのは、百姓にとっては一つの特権だったのです。

また、献上者には盃や扇子が与えられ、村全体に対しては、普段以上の人足を差し出した労をねぎらって、酒五升が下付されました。唯七郎は、金一分献上の褒美として、扇子二本をもらっています。

こうして、藩に金穀を献上した者たちは、その経済的負担と引き換えに褒賞という名誉を得ました。一方、藩は、民間からの献上によって、復興の財源を獲得することができたのです。褒賞は、人足動員に対する村側の不満を和らげる効果もあったでしょう。

藩は民間からの義援金を得て領内全体にわたる復興を進め、村人たちはそれぞれに村と家の再建に取り組みました。こうした官民双方の努力によって、地域の復興が徐々に進んでいったのです。

おわりに

◈災害は天災であり人災でもある

ここまで、江戸時代の激甚災害のいくつかについて見てきました。これらは自然災害であるとともに、人災の側面ももっていました。

日本列島には多数の活火山があり、世界有数の地震多発地帯でもあります。地震がおこれば、津波も発生します。また、一八世紀後半から一九世紀前半にかけては、世界的に気候が寒冷化しており、日本も例外ではありませんでした。第3章で見た、天明と天保の大飢饉はこの時期に起こっています。このように、災害が自然環境や気候と密接に関連していることは言うまでもありません。

一方、災害の発生には社会的要因も関わっていました。戦国時代の争乱が終息して泰平の世がおとずれた一七世紀には、全国各地で大規模な耕地開発が進められました。一七世紀は、日本史上まれな「大開発の時代」だったのです。この時期には、大河川のすぐそばまで耕地が拓かれました。しかしそれは、反面で洪水の被害を増大させることにもなりました。山林の伐採や耕地化も、山林の保水力を低下させて、洪水の発生につながりました。

また、江戸時代には、もともと南方原産の稲が、品種改良や農業技術の発達によって、東北地方でも広く栽培されるようになりました。それは百姓たちの努力のたまものですが、冷夏の年には不作になりやすかったのも事実でした。

そして、江戸時代には全国的な商品流通が発展したため、東北地方の諸大名は領内で生産された米を大坂や江戸で売るようになりました。財政状況が厳しくなった大名たちは、その年に穫れる米を担保に大坂や江戸の商人たちから借金していましたから、凶作の際にも、領内の食糧不足が懸念されるにもかかわらず、米を大坂や江戸に送ってしまいました。こうした事情が、東北地方の飢饉の被害を拡大したのです。これは、災害が人災でもあることを示しています。

ここからは、災害リスク対応を視野に入れた、持続可能な開発はいかにして可能なのか、という問題が見えてきます。日々の生活の豊かさや目先の利益を優先させがちになるのは、江戸時代も今も同じです。しかし、災害は将来必ず起こります。それを考慮に入れた農業生産や経済の仕組みづくりが求められているのです。

◈江戸時代には百姓たちが災害を記録した

江戸時代の災害について多くのことがわかるのは、当時の百姓たちがたくさんの記録を残してくれたからです。そこには、復興に尽力する村人たちの努力がさまざまに描かれています。本書も、そうした記録類に依拠しています。

百姓たちが大量の記録を残すようになったのは、江戸時代からです。百姓たちは、災害の実態を克明に書き記すとともに、そこから得られた教訓を何とか後世に伝えようとしました。自らの家や、自分たちが暮らす村・地域が、将来、同様の惨禍に遭うことがないようにという願いが、記録の執筆を促したのです。そして、その裏側には、災害の記憶は忘却されやすいという実態がありました。

災害記録の作者たちは、自らの体験とともに、さまざまなルートで収集した情報についても記しています。第5章でみた中条唯七郎は、伝聞情報とともに、刊行物からも情報を得ています。江戸時代には、幕府や大名から被害についての公式発表などなされませんでしたから、百姓たちは自ら積極的に情報を収集したのです。その際、民間で出された書物や出版物（かわら版など）が重要な情報源となりました。庶民は、情報の発信者でもあったのです。ただし、発信される情報の中には誤認や誤報も含まれていました。

◆村の共同性が復興を支えた

いったん災害が起こってしまったとき、人びとは懸命に復興に努めました。その際には、大庄屋・庄屋（名主・肝煎）ら地域有力者が大きな役割を果たしました。彼らは、自村民はもとより、近隣の村むらや面識のない物乞いの人たちの救済にまであたりました。彼らの村を越えた人的ネットワーク――町場の商人との普段からの取引関係を生かして、食糧を購入するなど――が、そうした救済活動に際して力を発揮しました。

一般の百姓たちも、復興の主役でした。彼ら・彼女らは、地域有力者や領主に救済されるだけの、受身の存在ではありませんでした。一般の百姓たちは、一人ひとりでは力の足りない分を、村に結集することで補おうとしました。村ぐるみ力を合わせて、復興を目指したのです。災害復興には、村の共同性が大きな力を発揮しました。その過程では、第4章で見た鎌原村のように、家族の再構成や土地の均等配分といった非常手段がとられることもありました。

そこで特徴的なのは、多くの百姓たちが住み慣れた土地を死守して復興に努めたということです。江戸時代の百姓たちの一般的な心性として、先祖代々受け継いできた土地と村を離れるのは忍びがたいことだったのです。それは、「御先祖様に顔向けができない」ことなのでした。農業や村は原始以来ありましたが、こうした心性が一般化したのは江戸時代のことでした。「守るべき〝ふるさと〟としての村」の成立といってもいいでしょう。浅間山噴火のときに最大の被害を被った鎌原村でも、百姓たちは困難を覚悟で村に踏みとどまり、その再建に取り組んだのです。

◈村の共同性は、矛盾と葛藤のなかで維持された

ただし、鎌原村に見るように、復興の道のりはけっして平坦なものではありませんでした。

救済・復興を中心的に担った地域有力者の財力にも限界がありました。また、救済のやり方によっては、ほかの地域有力者のねたみを買ったり、村人たちの批判——たとえば、「よそのことは放っておいて、自分の村の救済だけしていればいいんだ」といったような——を受けたりすることもありました。

その点について一番考え悩んだのは、第2章で見た奥貫友山でした。彼は、救済活動にあたって、労働の対価としての食糧支給と、食糧の貸与・給付を組み合わせて実施しました。前者は村人のプライドを守ることになりましたし、後者によって働けない人たちも食糧を得ることができたのです。

また、友山は、救済する側の無意識の驕《おご》りと、それを敏感に感じ取って生じる、救済される側の恨みへの配慮を強調しています。救済活動にあたっては、物質面だけでなく、心の問題が大事だというのです。彼は、そのことを、江戸にいる儒学の師から学んでいます。彼の学問は、机上の学ではなく、非常時に役立つ実学だったのです。そして、友山の事蹟は、その後永く地域において記憶され続けました。

被災後の百姓たちの行動選択は、個々人や各家によって多様でした。第5章で見た大久保菫斎のように、村を離れて江戸に出ようとした人もいました。乞食（物乞い）となって各地を廻り歩いたり、都市に流入する人びともいました。第5章では、村を離れて乞食になる辛さ、逆に自由に乞食になることもできない辛さが語られていました。それでも、多くの村人は村にとどまる道を選びましたし、大久保菫斎も、結局、江戸には行きませんでした。

自然災害は万人を襲うとはいえ、第1、3章で見たように、経済的弱者や女性・子どもにより苛酷な被害をもたらしました。そのなかで、日頃から潜在的に存在していた社会の矛盾が表面化することもありました。金銭貸借をめぐる貸し手と借り手の矛盾、奉公契約をめぐる雇い主と奉公人の矛盾、小作料をめぐる地主と小作人の矛盾、年貢をめぐる武士と百姓の矛盾などです。村の中には、経済面をはじめとしてさまざまな格差や矛盾があり、そこから葛藤や対立も生まれました。

飢饉の際に、村人たちで独自に盗人を処刑したように、たとえ盗難防止のためとはいえ、村の規制が苛酷なかたちで顕在化することもありました。

このように、非常時には、社会矛盾のありようがいっそう鋭くあらわになりましたが、同時にその解決のための努力もなされました。その際、小作料の減免率について村で統一基準を設けたように、対立の緩和には村が大きな役割を果たしました。百姓たちは村でまとまるとともに、村を越えた親類縁者のつながりによっても、危難を乗り越えようとしました。

いつの時代、どこの社会にも矛盾や対立は存在します。そして、矛盾や対立を克服しようとする努力によって、社会は発展していきます。矛盾は、社会発展の原動力なのです。江戸時代の百姓たちは、村内の矛盾から逃げ出すことなく、村にとどまってその解決に努めました。矛盾や対立をはらみつつも、百姓たちは村の共同性を力にして、家を永続させる道を選んだのです。

◆領主の責務、百姓の役割

自然災害のときには、領主も救援・復興にあたり、それは一定の効果をあげました。災害の際には、富裕者の富を献上させて困窮者に分配するなど、富の社会的再分配の機能を果たしたのです。ただし、幕府領と大名・旗本領を比べると、前者のほうにより手厚い援助がなされるなど、領主によるバラツキがありました。また、百姓からの要求があってはじめて、救援・復興がなされる場合もありました。百姓たちが声を上げなければ、領主の施策はより不十分なものにとどまったのです。

時期が下るとともに、領主は財政難から十分な救援・復興策の実施が困難になってきました。そのため、一八世紀後半以降は、社倉・義倉のように、領主と百姓が経済的負担や管理責任を分担しつつ、備荒貯蓄を実現するための工夫がこらされるようになりました。社倉・義倉の運営は、村むらが共同して自治的に行なうこともありました。災害対策から、地域的な自治や公共性が生まれつつあったのです。

奥貫友山は、領主の限られた財源のなかで、援助がバラマキにならず、救済を真に必要としている者に必要なだけの援助が行き届くことこそが肝心だとして、具体的に炊き出し所の設置を提言しています。

第5章で見た松代藩では、物質面での救済活動とともに、死者の慰霊を行なうことで、領民の心の安寧を取り戻そうとしています。また、民間から復興のための義援金を集める代わりに、出金者には褒美を与えたり、特権を認めたりしています。

行政当局――江戸時代でいえば幕府や大名――と地域リーダーと一般民衆が、役割分担しつつ協力して救援と復興を進めることの重要性は、昔も今も変わりありませんが、自助・共助・公助をたんなるスローガンに終わらせないためには、三者の関係の最善のあり方について叡智を発揮して模索する必要があるのです。

◈災害を契機に思索をめぐらす

江戸時代の人びとは、災害を経験することで、さまざまに考えを廻らし、それを文章に定着させてわれわれに伝えてくれました。壊滅的な被害を前に、無常感を吐露する人もいました。飢饉を生き抜くための非常食や、飢饉に備えた保存食のつくり方が工夫され、災害の予知方法もあれこれと考えられました。日頃から質素倹約や道徳的な生活を心がけることなど、凶作に遭っても慌てないための心構えが説かれ、食糧の備蓄の重要性も強調されました。さらに、飢饉の被害に遭うのは日頃の心がけが良くないからだとする自己責任論が説かれ、自助努力の大切さが力説されもしました。このように、災害を契機として、人びとは多様な思索をめぐらしたのです。

また、災害時の食糧難を経験することで、農業の重要性が再認識されました。それと裏腹に、災害は、金儲けに走り、分不相応な消費生活を追い求める世間の風潮に対する天罰なのだという言説が現われました。第5章で見た中条唯七郎は、商業・商品流通の中心である町場に、より大きな天罰が下ったのだと見ています。こうした言説の背景には、百姓の立場からする拝金主義的風潮と商人の跋扈《ばっこ》に対する批判がありました。しかし、一方で、唯七郎も災害＝天罰という主張がはらむ矛盾には気が付いており、実際に人からそれを指摘されてもいるのです。

◈災害を経ることで世の中があらたまる

それでも、百姓たちは大災害をたくましく生き抜きました。地震によって新たに水が湧き出し、それによって水田を造成することができた者にとっては、地震は「地震様」でした。

そうした個別の運の善し悪しではなく、災害を機に社会全体が新しく生まれ変わることへの期待も表明されました。第1章でみた長井杢兵衛は、津波と地震がおさまったあと、人びとが口々に「万歳万歳、世直し世直し」と言い合っていたと記しています。人びとは、災害を経ることで世の中があらたまると考えたのです。

実際、善光寺地震のあとは、物資の不足にもかかわらず、物価の高騰が見られなかったといいます。物価をつり上げる者は、打ちこわしの制裁を受けたからです。それは、天が、人びとの打ちこわしという行為を通じて、自らの意思を実現したのだと考えられました。こうして人びとは、被災後の惨状のなかに一種のユートピア的状況を見出したのでした。

確かに、村人たちは、災害に遭って乞食になった人びとに、面識はなくとも進んで施しをしました。被災後の社会には、日常の縁を超えた人間としての助け合いが生まれているのです——ただし、それにも限度はありましたが——。

一方で、助け合いは、日常の縁を基礎にしても生まれました。同じ村人同士、親類縁者、近隣の村同士、領主と領民、こうした日常的な絆を強め合うことによって救済と復興が進められたのです。こうした縁と無縁の双方の助け合いによって、人びとは復興へのけわしい道のりを歩んでゆくことができたのです。

本書で見てきたように、われわれは、江戸時代の激甚災害から多くのことを学ぶことができます。村人たちは、大きな労力と長い時間をかけて、村の復興に努めました。その過程では、困難や対立もありましたが、村人たちはそれらを粘り強く克服していきました。村人たちは、為政者に必要な要求を行ない、また為政者と協力して復興にあたりました。とりわけ、村と地域の共同性が復興を支える大きなよりどころになったのです。こうした事実をあらためて思いおこすことが、三・一一東日本大震災後の復興にあたっても、また将来おこるであろう災害に備えるためにも、大事なのではないでしょうか。

「現在を知り、未来を拓くために、過去を学ぶ」、これは歴史全般に通じる学びの意義ですが、災害の歴史についてはとりわけよく当てはまるように思います。本書が、防災の未来を拓くためのささやかな一助になるなら、幸いこれに過ぎるものはありません。

参照文献一覧

●史料

『日本農書全集』六六巻「災害と復興　一」（農山漁村文化協会、一九九四年）

『日本農書全集』六七巻「災害と復興　二」（農山漁村文化協会、一九九八年）

中条唯七郎著・青木美智男校注・中村芙美子現代語訳『善光寺大地震を生き抜く―現代語訳『弘化四年・善光寺地震大変録』―』（日本経済評論社、二〇一一年）

●第1章

古山　豊「『高崎浦地震津波記録』解題」（『日本農書全集』六六巻「災害と復興　一」農山漁村文化協会、一九九四年、所収）

同　『山武・長生郡における元禄地震調査』（私家版、一九八二年）

同　『第二集　元禄地震史料および分析』（私家版、一九八三年）
同　『第三集　元禄地震史料集』（私家版、一九八七年）
同　「旧一ツ松郷における津波被害一考」（千葉県郷土史研究連絡協議会編『房総災害史』千秋社、一九八四年、所収）
同　「鴨川市における元禄地震史料と津波災害」（川村優先生還暦記念会編『近世の村と町』吉川弘文館、一九八八年、所収）

● 第2章

太田富康　「『大水記』解題」（『日本農書全集』六七巻「災害と復興　二」農山漁村文化協会、一九九八年、所収）
鈴木　愛　『十八世紀における在村知識人の読書と学問』（一橋大学大学院社会学研究科修士論文、二〇〇七年）
同　「十八世紀の在村知識人の思想形成」（『書物・出版と社会変容』一〇号、二〇一一年）
白井哲哉　「十八世紀村役人の行動と『中間』的意識」（『近世地域史フォーラム三　地域社会と

リーダーたち』吉川弘文館、二〇〇六年、所収)

● 第3章

江藤彰彦「『享保十七壬子大変記』解題」(『日本農書全集』六七巻「災害と復興　二」農山漁村文化協会、一九九八年、所収)

難波信雄「『年代記』解題」(同前所収)

平野哲也「『凶年違作日記・附録』解題」(同前所収)

菊池勇夫『飢饉の社会史』(校倉書房、一九九四年)

同『近世の飢饉』(吉川弘文館、一九九七年)

同『飢饉』(集英社、二〇〇〇年)

同『飢饉から読む近世社会』(校倉書房、二〇〇三年)

● 第4章

斎藤洋一「『浅間大変覚書』解題」(『日本農書全集』六六巻「災害と復興　一」農山漁村文化協会、

一九九四年、所収）
渡辺尚志　『浅間山大噴火』（吉川弘文館、二〇〇三年）
『一七八三天明浅間山噴火報告書』（中央防災会議　災害教訓の継承に関する専門調査会、二〇〇六年）

●第5章

原田和彦　「『弘化大地震見聞記』解題」（『日本農書全集』六六巻「災害と復興　一」農山漁村文化協会、一九九四年、所収）
『一八四七善光寺地震報告書』（中央防災会議　災害教訓の継承に関する専門調査会、二〇〇七年）
赤羽貞幸・北原糸子編『善光寺地震に学ぶ』（信濃毎日新聞社、二〇〇三年）
北原糸子　『地震の社会史』（講談社、二〇〇〇年）

あとがき

災害と復興をテーマにした本書を執筆している間、東日本大震災のことがたえず念頭にありました。原稿がほぼ仕上がったとき、古川美穂氏のルポ「協同ですすめる復旧復興」(『世界』八三六号、岩波書店、二〇一二年十一月)を読みました。このルポは、岩手県宮古市の重茂《おもえ》漁協を取り上げたもので、そこには次のようにありました。

重茂は、震災で甚大な被害を受けましたが、漁協では残った船をすべて買い取り、また新たに購入する船はみな漁協の所有にしました。そして、漁協の管理のもとに共同で船を使用し、水揚げはすべて公平に分配しました。このように、非常時に際して協同と自治の力を発揮することで、重茂は迅速に復興へと向かっています。そして、重茂の団結力は、江戸時代以来の伝統を受け継いだものだということです。

漁協の組合長さんの、「この重茂では五〇名の犠牲者がありました。この犠牲者に対する最大の供養は、我われがここで再び漁業で、重茂の地を再興することであろう」「みんな困っている中で、オレだけということは許されない。それが協同組合であるということを認識していただきたい」という言葉は心に響きました。

古川氏のルポは、「自然を守り、仲間同士であるときは競い合い、あるときは助け合う。その力で、困難な道を自分たちで切り開く。我々は重茂漁協に学ぶべきことが、たくさんあるのではないだろうか」と結ばれています。私も、まったく同感です。

そして、私には、重茂漁協の姿が、江戸時代の村と村人の姿と重なって見えました。もちろん、江戸時代と現代とでは社会のあり方が大きく異なっています。けれども、江戸時代の村で培われた協同と自治が脈々と継承され、それが復興のエネルギーになっているということは、とても大事なことではないでしょうか。そうであるならば、我われが江戸時代の村と村人から学ぶべきことも、またたくさんあるはずです。

私は、これからも現代と江戸時代を往復して、江戸時代の村人たちの声を現代に伝え未来に生かす仕事を続けていきたいと思います。

＊

本書は、多くの先学のお仕事、とりわけ『日本農書全集』六六・六七巻があってはじめてできたものです。本書の各章で取り上げた災害記録については、すでに『日本農書全集』に収録され、古山豊・太田富康・江藤彰彦・難波信雄・平野哲也・斎藤洋一・原田和彦各氏によって、それぞれすぐれた現代語訳・注記・解題がつけられています。諸氏の学恩に深く感謝申し上げます。

第5章で取り上げた中条唯七郎「善光寺地震大変録」については、青木美智男氏の校注、中村芙美子氏の現代語訳によって、『善光寺大地震を生き抜く―現代語訳『弘化四年・善光寺地震大変録』―』（日本経済評論社、二〇一一年）が刊行されています。『善光寺大地震を生き抜く』が刊行されていなければ、本書で中条唯七郎について書くことはできませんでした。

また、第1章については古山豊氏、第2章については鈴木愛氏に、懇切なご教示をいただくとともに、お持ちの史料・文献を拝見させていただきました。第3章については、菊池勇夫氏の研究から非常に多くを学びました。農山漁村文化協会の松田重明氏には、本書の根幹に関わる部分で貴重なご意見をいただきました。

ここに、記して厚く御礼申し上げます。

二〇一二年十一月

渡辺尚志

著者略歴

渡辺尚志（わたなべ　たかし）

1957年、東京都に生まれる。1988年、東京大学大学院人文科学研究科博士課程単位取得退学。博士（文学）。現在、一橋大学大学院社会学研究科教授。

主要著書に、『浅間山大噴火』（吉川弘文館、2003年）、『百姓の力』（柏書房、2008年）、『百姓の主張』（柏書房、2009年）、『東西豪農の明治維新』（塙書房、2009年）、『百姓たちの江戸時代』（筑摩書房〈ちくまプリマー新書〉、2009年）、『村からみた近世』（校倉書房、2010年）、『百姓たちの幕末維新』（草思社、2012年）、『武士に「もの言う」百姓たち』（草思社、2012年）、などがある。

江戸時代の災害記録に見る「村の力」

日本人は災害からどう復興したか

2013年2月25日　第1刷発行

著者　渡辺　尚志

発行所　社団法人　農山漁村文化協会
〒107-8668　東京都港区赤坂7丁目6-1
電話 03(3585)1141(営業)　03(3585)1145(編集)
FAX 03(3585)3668　振替 00120-3-144478
URL　http://www.ruralnet.or.jp/

ISBN978-4-540-12139-5
〈検印廃止〉

乱丁・落丁本はお取り替えいたします。

印刷／藤原印刷(株)
製本／(株)渋谷文泉閣
定価はカバーに表示